100 Jahre – Ebersdorf vereint!
1920 – 2020

von
Heinz-Dieter Fiedler

© 2020 Fiedler, Heinz-Dieter
Herstellung und Verlag: BoD – Books on Demand, Norderstedt
ISBN: 9783749498222

Inhalt

1. Einführung

Zwei ganz nah beieinander liegende, aber politisch völlig
selbständige Orte, die (teilweise) auch noch denselben Namen
tragen – das ist sicherlich eine Seltenheit.
Aber so war es für lange Zeit in Ebersdorf. Wie aus diesen beiden
getrennten Orten vor 100 Jahren wieder ein einziger wurde, soll
hier erzählt werden.
Um Verwirrung zu vermeiden, müssen wir uns zunächst einmal
mit den Namen der beiden Orte beschäftigen.
Die offiziellen Bezeichnungen zur Zeit der Vereinigung waren:
„Ebersdorf-Ortsgemeinde" und „Ebersdorf-Brüdergemeine" (häufig
auch Brüdergemeinde - mit „d"). Übliche Bezeichnungen waren:
„oberes Dorf" und „unteres Dorf". Von Seiten der Brüdergemeine
wurde der andere Teil oft auch einfach „Dorf" genannt. Die „Dorf"-
Bewohner bezeichneten die anderen als „Herrnhuter" oder
„Herrnhuter Colonie". Außenstehende benutzten gelegentlich den
Namen „Heiligenebersdorf" und meinten damit die
Brüdergemeine, manchmal aber auch den gesamten Ort.
Unterschiedliche Bezeichnungen gab es auch für die leitenden
Gremien der beiden Gemeinden. Was im unteren Dorf der
Bürgermeister und der Gemeinderat waren, nannte sich einige
Meter weiter Ortsvorsteher und Ältestenrat.

2. Die Anfänge von Ebersdorf

Ebersdorf wurde 1401 erstmalig erwähnt. Es blieb lange Zeit ein unbedeutender Ort mit einem Rittergut, einigen Bauernhöfen und einer kleinen Kirche. 1622 wurde die jetzige Christophorus-Kirche gebaut,
Nach 1550 gewann Ebersdorf etwas an Bedeutung durch die nahe vorbeiführende Handelsstraße Nürnberg-Leipzig.
Im Jahre 1572 gelangte das Gebiet um Lobenstein und Ebersdorf in den Besitz der Reußen. Bei der Erbteilung im Jahr 1678 entstand die eigenständige Herrschaft Ebersdorf. Dessen Besitzer, Heinrich 10. Reuß-Ebersdorf, ließ von 1692 -1694 das Schloss bauen und machte Ebersdorf zu seiner Residenz. Das brachte einen bedeutenden Aufschwung für den Ort, denn Beamte, Bedienstete, Handwerker und Händler siedelten sich an. Die Herrschaft Ebersdorf war anfangs sehr klein, sie umfasste ein Gebiet von 3 Quadratmeilen mit 11½ Dörfern. Zudem war dieses Gebiet nicht zusammenhängend, sondern stark zerstückelt. Später vergrößerte sich das Land durch Erbschaft um die Herrschaften Hirschberg und Lobenstein. Ebersdorf blieb bis 1848 Residenz der Linie Reuß-Ebersdorf. Der Status als Residenz sorgte dafür, dass die Einwohnerzahl weiter anwuchs. Im Jahr 1705 lebten nur 90 Personen im Ort, 1746 waren es bereits 760 und bis 1840 stieg die Einwohnerzahl auf 1192. Ebersdorf blieb zwar weiterhin ein Dorf, unterschied sich aber doch deutlich von den umliegenden Bauerndörfern.
Die Grafen Reuß gehörten dem Pietismus an, einer protestantischen Glaubensrichtung, die besonders unter dem Landadel weit verbreitet war. Ziel war die Erneuerung des Luthertums. Das damit einhergehende „Christentum der Tat" zeigte sich unter anderem in verschiedenen sozialen Einrichtungen, wie Schulen und Waisenhäusern. Auch in Ebersdorf wurde 1732 ein Waisenhaus gestiftet.

3. Die Entstehung der Brüdergemeine Ebersdorf

Den bedeutenden Aufschwung in der Mitte der 18. Jahrhunderts verdankt Ebersdorf zu einem großen Teil der Ansiedlung der Brüdergemeine. Die Evangelische Brüdergemeine, auch Herrnhuter Brüdergemeine genannt, entstand im frühen 18. Jahrhundert in der Lausitz. Der junge Nikolaus Ludwig Graf von Zinzendorf erlaubte 1722 einigen böhmisch-mährischen Glaubensflüchtlingen, sich auf seinen Besitzungen anzusiedeln.

Heinrich 29. Reuß-Ebdf.   Erdmuth Dorothea Reuß   N. L. Graf von Zinzendorf

Die „Herrnhuter Colonie" in Ebersdorf, 1755

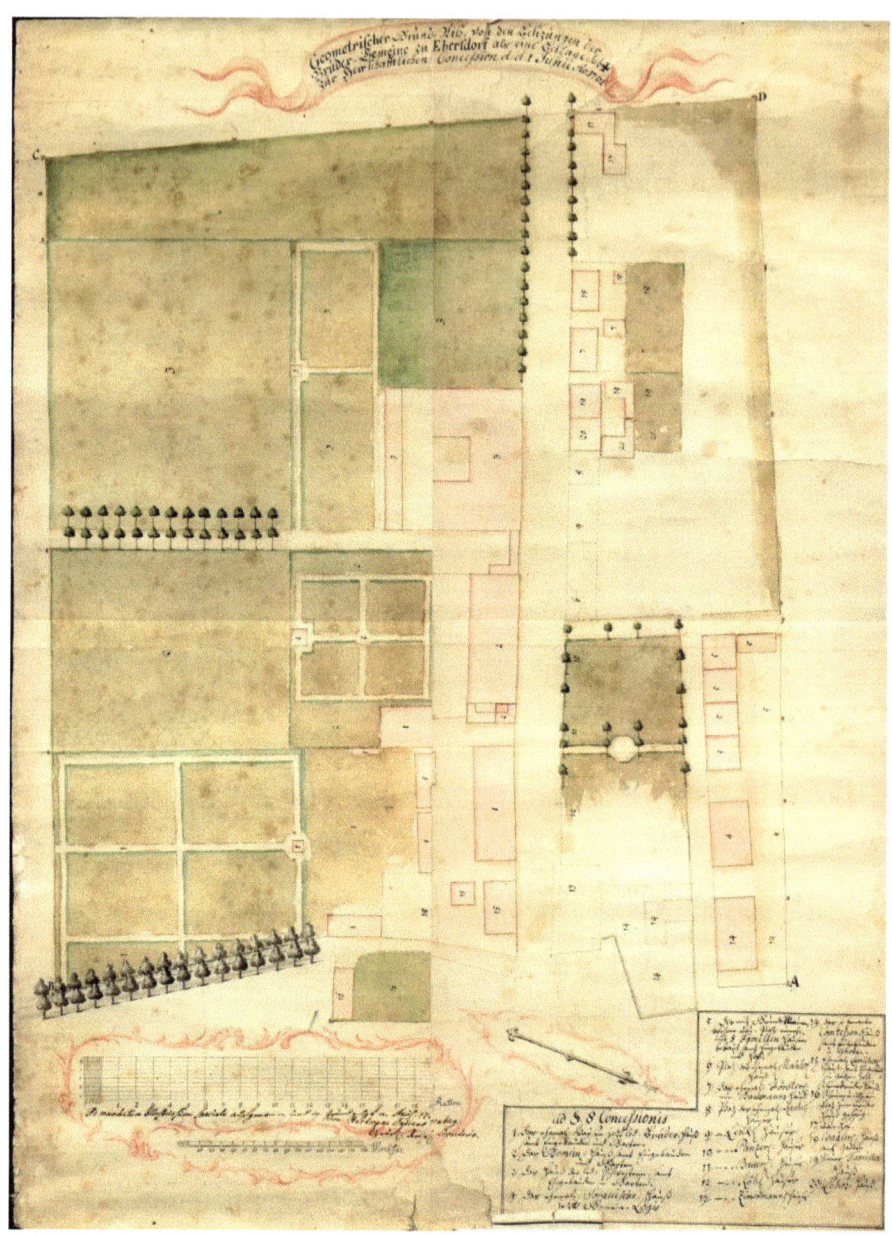

Die Besitzungen der Brüdergemeine, 1761

8

Weitere Exulanten folgten und nach wenigen Jahren entstand eine blühende Gemeinschaft, der Ort Herrnhut wurde gegründet und schließlich 1727 entstand eine eigenständige Kirche, die Herrnhuter Brüdergemeine.

1722 wurde Graf Zinzendorf mit Erdmuth Dorothea vermählt. Sie war die Schwester seines Jugendfreundes Heinrich 29. Graf Reuß zu Ebersdorf. Heinrich 29., der 1732 mit seiner Gattin Herrnhut besuchte, war von der aufblühenden Brüdergemeine sehr beeindruckt und wünschte sich etwas Ähnliches für Ebersdorf. So wurde er zum Förderer und sogar Mitglied der in Ebersdorf entstehenden Brüdergemeine.

Den Anfang bildeten einige Schwestern und Brüder[1] aus Herrnhut. Weitere Christen auch aus anderen Gegenden Deutschlands folgten. Diese Gemeinschaft wuchs unter der Leitung des extra dafür angestellten Hofkaplans Steinhofer innerhalb weniger Jahre auf circa 500 Mitglieder und erhielt 1745 durch den Landesherrn ihre politische und kirchliche Selbständigkeit. Als Bauland wurde der Gemeinschaft der obere Ortsteil bis zur Grenze nach Schönbrunn zugewiesen. Dort befanden sich bereits die Herrschaftliche Schäferei und eine Reihe kleinerer Häuser der Dorfbewohner. Die Brüdergemeine kaufte diese Häuser, ließ sie abreißen und an ihre Stelle die großen Häuser im sogenannten Herrnhuter Barock erbauen, die heute noch zu sehen sind. So entstand rund um das 1746 fertiggestellte Gemeinhaus die „Herrnhuter Colonie".

---

[1] „Schwester" und „Bruder" war und ist die übliche Anrede und Bezeichnung für Frauen und Männer in der Brüdergemeine. „Schwester" und „Bruder" wird üblicherweise in Verbindung mit dem Nachnamen benutzt.

4. Besonderheiten der Brüdergemeine

Auffällig an einer Brüdergemein-Siedlung sind zunächst einmal die Äußerlichkeiten, wie die hohen Häuser und die Anlage des ganzen Ortes. Auch im Zusammenleben der Bewohner gibt es viele Besonderheiten, Sitten und Gebräuche, die sich von denen in anderen Orten und Gemeinschaften stark unterscheiden. Das war in früheren Zeiten noch viel ausgeprägter als heute. Typisch für die „Herrnhuter" war die Einteilung der Gemeindeglieder nach Geschlecht, Alter und Familienstand in die sogenannten Chöre. Die größten Gruppen innerhalb der Gemeine waren die unverheirateten Frauen und die unverheirateten Männer, die das „Chor der ledigen Schwestern" bzw. das „Chor der ledigen Brüder" bildeten und jeweils gemeinsam im Schwesternhaus bzw. Brüderhaus lebten, wohnten und arbeiteten. Weitere Chöre bestanden für Witwen, Eheleute und Kinder.
Die Männer der Brüdergemeine waren früher hauptsächlich Handwerker und Händler. Die Gemeine wurde durch die Ältestenkonferenz (später Ältestenrat) geleitet. Die Ältestenkonferenz fällte alle wichtigen Entscheidungen, wie Aufnahme in und Ausschluss aus der Gemeine, Baumaßnahmen, Wohnrecht, Heiraten. Es gab eine Ortssatzung, zu deren Einhaltung sich die Bewohner verpflichteten. Der Alltag im Ort war durch Ruhe, Ordnung und Sauberkeit gekennzeichnet. Der Tagesablauf war durch gottesdienstliche Versammlungen und Arbeit geregelt.
Mit dieser Form des Zusammenlebens war eine soziale Absicherung der Bewohner verbunden, wie man sie früher in dieser Weise nicht kannte. In den Chorhäusern wurden die Bewohner bei Krankheit und im Alter versorgt, es gab Krankenstuben und einen Gemeinarzt. Die Gemeine hatte eigene Schulen.
Aus diesen eigentümlichen Lebensformen resultierte eine gewisse Abgeschiedenheit. Man blieb beim Wohnen, Arbeiten, Heiraten

und in Glaubensfragen weitestgehend unter sich. Zwar stand man in enger Verbindung zu Brüdergemeinen in anderen Orten, aber zur benachbarten Ortsgemeinde gab es wenig Kontakte.
Andererseits war die Brüdergemeine weltoffen. Ebersdorfer Handwerker und Händler reisten regelmäßig zu den Messen nach Leipzig und Frankfurt. Die Produkte der Ebersdorfer Brüder wurden nach ganz Deutschland und ins Ausland geliefert. Herrnhuter Missionare, auch aus Ebersdorf, gingen in die ganze Welt.
Die Unterschiede und Konflikte zwischen den beiden Gemeinden resultierten auch aus einer Reihe von Privilegien, die der Landesherr der Brüdergemeine bei ihrer Gründung verliehen hatte und die eine Besserstellung der „Herrnhuter" mit sich brachten.
In den Anfangszeiten genoss die Brüdergemeine unter anderem folgende Vorrechte (im Laufe der Zeit wurden allerdings viele Privilegien abgeschafft oder eingeschränkt):
Die Gemeine war kirchlich selbständig, sie unterstand nicht dem Geraer Konsistorium.
Die Bewohner der Herrnhuter Colonie mussten zwar Grundzins, Schutzgeld und andere Abgaben an den Landesherrn zahlen, waren aber nicht dem allgemeinen Steuerrecht unterworfen.
Die Gemeine hatte ein eigenes Polizei- und Justizwesen.
Sie besaß das Recht, Handwerk und Handel nach eigenen Regeln zu betreiben.
Allen Einwohnern wurde die Befreiung von Einquartierung, sowie die Befreiung von Kriegsdiensten, Landmiliz und allen Frondiensten zugesichert. Selbst zur Mitwirkung an Wolfsjagden waren sie nicht verpflichtet.

Das Ehechor-Abendmahl in der Brüdergemeine, ca. 1930

Der Männergesangsverein „Liedertafel" im Jahr 1911

5. Gemeinsamkeiten zwischen Orts- und Brüdergemeinde

Im 18. und 19. Jahrhundert gab es wenig Verbindendes zwischen den beiden Orten, trotz der räumlichen Nähe. Natürlich waren die Einwohner beider Orte Untertanen derselben Herrschaft, wodurch es gelegentlich Berührungspunkte gegeben haben mag. Aber im täglichen Leben musste und wollte man keinen Kontakt zu dem jeweils anderen Ort. Alle notwendigen Geschäfte und Handwerker waren in beiden Orten vorhanden. Die Mitglieder der Brüdergemeine arbeiteten in der Regel auch innerhalb der Brüdergemeine. Die „Herrnhuter" beschäftigten für Bauarbeiten und die Bewirtschaftung ihrer Felder gelegentlich Tagelöhner aus anderen Orten. Auch die Lehrlinge der Handwerker stammten teilweise aus den umliegenden Ortschaften. Wenn aber ein Mangel an Handwerkern, Lehrern usw. eintrat, fragte man lieber in anderen deutschen Brüdergemeinen an.
Auf Grund dieser Besonderheiten und Unterschiede zwischen beiden Ebersdorfer Gemeinden schien ein Zusammenschluss lange Zeit undenkbar und wurde auch stets von beiden Seiten abgelehnt. Aber im Laufe von vielen Jahrzehnten änderte sich diese Situation ganz langsam ein wenig. Das lag in erster Linie an den politischen Veränderungen. Die Kleinstaaterei wurde überwunden und es entstanden größere Staatengebilde, wie das Fürstentum Reuß j.L., der Volksstaat Reuß, das Land Thüringen und das Deutsche Reich. Es wurden Gesetze für diese größeren Verbünde erlassen, wobei nach und nach viele der Privilegien und Sonderrechte der Brüdergemeine auf der Strecke blieben, z.B. die Befreiung vom Militärdienst. Natürlich gab es auch innerhalb der Brüdergemeine Veränderungen, die zu einer Öffnung nach außen führten. So näherten sich die Lebensformen in beiden Gemeinden allmählich an. Einen großen Anteil an dieser Annäherung hatte vermutlich das in der zweiten Hälfte des 19. Jahrhunderts in Deutschland aufblühende Vereinswesen. Durch den industriellen Fortschritt hatten die Menschen mehr Freizeit, die sie gern in

Gesellschaft verbringen wollten. In Ebersdorf betraf das vor allem die Ortsgemeinde. In der Brüdergemeine besuchten die Mitglieder weiterhin die täglichen kirchlichen Versammlungen (Andachten, Singstunden, Predigten, Liebesmahle, Lesungen usw.). Soweit es Vereine gab, dienten diese meist karitativen Zwecken (Arme, Kranke, Mission). In der Ortsgemeinde dagegen blühte ein Vereinswesen mit geselligem und vaterländischem Hintergrund. Ob Bewohner der Ortsgemeinde in den Vereinen der Brüdergemeine mitwirkten, ist nicht bekannt. Dagegen enthalten die Mitgliederlisten der Orts-Vereine eine größere Anzahl von Brüdergemein-Mitgliedern. Insgesamt hatten die Orts-Vereine 383 Mitglieder.[2]

Vereine Ebersdorf-Ortsgemeinde 1915

	Mitglieder
Schützengesellschaft	34
Fürstl. Reuß j.L. Militärverein	65
Deutscher Flottenverein Bezirk Ebersdorf	83
Rabattsparverein	10
Nationalliberaler Verein	20
Vaterländischer Frauenverein	41
Freiwillige Feuerwehr	50
Männergesangverein Liederkranz	30
Landwirtschaftlicher Verein	50

Vielleicht haben auch die Entbehrungen und Opfer des 1. Weltkrieges beide Gemeinden etwas näher gebracht. Zumindest erhielten die 29 Gefallenen durch das 1921 eingeweihte Denkmal eine gemeinsame Erinnerungsstätte.

---

[2] Laut Adressbuch der Landgemeinden des Fürstentums Reuß jüngere Linie, Verlag A.E. Fischer, HofL. Gera-R., 1915 – Die Aufzählung scheint aber nicht vollständig zu sein. Zumindest hat es noch den Kurverein gegeben und vermutlich einige Sportvereine.

Bund Königin Luise

Ortsgruppe Ebersdorf

15

5. Erste Verschmelzungsbemühungen 1851

Trotz der damals noch sehr großen Unterschiede zwischen den beiden Ebersdorfer Gemeinden wurde 1851 ein erster Anlauf für einen Zusammenschluss unternommen.

1848 hatte Heinrich 72. Fürst Reuß zu Ebersdorf und Lobenstein abgedankt. Die einst stark zersplitterten Reußischen Gebiete waren somit wieder vereinigt worden und das Fürstentum Reuß jüngere Linie entstanden. In der Folge gab es einige Veränderungen und neue Gesetze. Das Fürstentum wurde von der „Hohen Fürstlich-Reußischen Regierung in Gera" regiert. Untergeordnete Behörden waren die Landratsämter, von denen sich eines (von 1849 bis 1880) in Ebersdorf befand.

1851 trat eine neue Gemeindeordnung für die Fürstlichen Länder Reuß jüngerer Linie in Kraft.

Diese Ordnung regelte hauptsächlich die Erfassung der Wahlberechtigten und kommunalen Beamten, verbunden mit einer Neuwahl der Kommunalbeamten. Der Artikel 4 dieser

16

Gemeindeordnung aber sah vor, dass das ganze innerhalb eines Ortes oder dessen Flurmarkung gelegene Gebiet einen Gemeindebezirk bilden soll. Für Ebersdorf bedeutete das, die bisher getrennt voneinander bestehenden Gemeinden künftig zu einer politischen Gemeinde zu vereinigen. Dazu gibt es einen umfangreichen Schriftwechsel[3], der zum Teil in den Anhang dieses Heftes übernommen wurde.

Die Fürstlich-Reußisch-Plauische Regierung in Gera wies in einem Brief vom 29. Januar 1851[4] den Landrat Fuchs in Ebersdorf an, mit beiden Gemeinde zu verhandeln und eine entsprechende Einigung zu erreichen.

Landrat Fuchs lud umgehend den Amtsschulzen der Ortsgemeinde Singer und den Vorsteher der Brüdergemeine Fliegel vor. Er erläuterte ihnen die Sachlage, wies auf den ökonomischen Vorteil einer Vereinigung für beide Beteiligten hin und betonte, dass es lediglich um die Vereinigung zu einer politischen Gesamtgemeinde gehe und die besonderen Verhältnisse und speziell verbürgten Rechte der Brüdergemeine nicht angetastet werden sollen.[5]

Beide Gemeindevorstände berieten die Angelegenheit mit ihren Gemeinderäten und Einwohnern. Das Ergebnis war, dass keine der Gemeinden eine Vereinigung wünschte. Ihre Begründung: Beide Orte hätten lediglich den Namen, sonst aber nichts gemeinsam, und dabei wolle man es bewenden lassen. Der Vorsteher der Brüdergemeine teilte das dem Landratsamt in einem längeren Schreiben[6] vom 19. Februar 1851 mit. Darin betonte er auch, dass mit einem Zusammenschluss keineswegs eine Kostenersparnis verbunden wäre und in einer gemeinsamen Gemeindeverwaltung die Brüdergemeine auf Grund ihrer geringeren Einwohneranzahl immer im Nachteil wäre. Der

---

[3] im Archiv der Brüdergemeine Ebersdorf, Reg. ÄR II, R16.
[4] s. Anlage 1
[5] s. Anlage 2
[6] s. Anlage 3

Amtsschulze der Ortsgemeinde fasste sich in seinem Schreiben vom 21. Februar 1851 wesentlich kürzer (s. Anlage),[7] lehnte einen Zusammenschluss aber ebenfalls ab.

Landrat Fuchs war inzwischen nicht untätig geblieben und hatte in Briefen vom 4. Februar 1851 in den Städten Neuwied in der Rheinprovinz und Neusalz in Schlesien angefragt, wie es dort gehandhabt wird. Denn in diesen beiden Orten gab es ebenfalls Brüdergemein-Siedlungen. Aus den Antwortschreiben vom 17. Februar geht hervor, dass die dortigen Verhältnisse nicht direkt mit Ebersdorf vergleichbar sind. Die dortigen Brüdergemeinen sind keine selbständigen Orte und nur in kirchlichen und schulischen Belangen eigenständig.

Das Landratsamt empfahl in einem Schreiben vom 22. Februar 1851[8] an die Hohe Regierung die Beibehaltung der Selbständigkeit beider Ebersdorfer Gemeinden. Durch einen Zusammenschluss könnte in keiner Hinsicht irgendein Vorteil erzielt werden. Auf Grund der Unterschiedlichkeit der Strukturen könnten nur wenige Aufgaben gemeinsam erledigt werden. Die Brüdergemeine würde „nach ihrer Bevölkerung und ihrem Einflusse stets in der Minorität bleiben und somit sich einer unparteiischen Vertretung ihrer ... Interessen beraubt sehen". Die Fürstliche Regierung folgte dieser Empfehlung und informierte am 6. März 1851 die Ortsgemeinde Ebersdorf über den Fortbestand der Eigenständigkeit beider Gemeinden[9].

Dabei wurde ausdrücklich darauf hingewiesen, dass dieser Bescheid unter Vorbehalt erfolgt und nur bis zu einer anderweitigen Verfügung Bestand hat. Zugleich bestätigte die Fürstliche Regierung den bereits vorher gewählten neuen Gemeindevorstand der Ortsgemeinde.

Für die Brüdergemeine blieb weiterhin alles beim Alten. Ihre

---

[7] s. Anlage 4
[8] s. Anlage 5
[9] s. Anlage 6

Gemeindeleitung musste auch weiterhin nicht von der Reußischen Regierung genehmigt werden.

7. Verschmelzungsbemühungen 1872

Zwanzig Jahre später wurde das Thema Vereinigung beider Ebersdorfer Gemeinden wieder aktuell. Der Anstoß kam wieder von außerhalb des Ortes, und zwar durch ein Gesetz des Norddeutschen Bundes, zu dem inzwischen auch die Thüringer Länder gehörten. Es war das 1870 erlassene Gesetz über den Unterstützungswohnsitz. Dieses Gesetz löste die bisher in den Ländern unterschiedlich gehandhabten Regelungen des Heimatrechtes ab. Nach dem neuen Gesetz hatte jeder Bundesangehörige das Recht auf Unterstützung, z.B. bei Armut, durch die Behörden seines Wohnsitzes. Der zuständige Wohnsitz war festgelegt durch Geburt, Eheschließung oder mindestens 4-jährigen Wohnaufenthalt. In dem Gesetz heißt es:
„Die öffentliche Unterstützung hilfsbedürftiger Norddeutscher wird, nach näherer Vorschrift dieses Gesetzes, durch Ortsarmenverbände und durch Landarmenverbände geübt. Ortsarmenverbände können aus einer oder mehreren Gemeinden bestehen."
Es leuchtet ein, dass eine kleine Gemeinde stark belastet wird, wenn sie viele Arme zu versorgen hat. Deshalb wurde im allgemeinen angestrebt, größere Verbände zu gründen, um die Lasten auf viele Schultern zu verteilen.
Unter diesen Umständen war es naheliegend, dass auch in Hinsicht auf Ebersdorf wieder der Gedanke eines Zusammenschlusses beider Gemeinden zur Sprache kam.
In einem Schreiben des Fürstlichen Ministeriums, Abteilung für das Innere, an das Landratsamt in Ebersdorf erinnerte Geheimrat von Beulwitz an die Vereinbarungen von 1851, unter Hinweis auf die Vorläufigkeit der damaligen Festlegungen. Beulwitz erbat vom Landratsamt eine Stellungnahme, ob beide Ebersdorfer Gemeinden zu einem Ortsarmenverband zu vereinigen sind oder ob jede Gemeinde für sich einen eigenen Verband bildet.

Das Landratsamt wiederum forderte die beiden Ebersdorfer Gemeinden zu einer Stellungnahme auf.[10]

Die Brüdergemeine holte sich zunächst Rat bei ihrer Direktion in Berthelsdorf und einigen anderen Ortsgemeinden, in denen eine ähnliche Situation bestand. Aber eigentlich war klar, dass sie einen Zusammenschluss ablehnte.

Sie fühlte sich vermutlich von dem neuen Gesetz auch gar nicht so richtig angesprochen. Denn bei den Herrnhutern war von jeher die Unterstützung bedürftiger Gemeindeglieder eine Selbstverständlichkeit. Die Gemeine bestand zu einem großen Teil aus ledigen Männern und Frauen, die jeweils gemeinsam im Brüderhaus oder Schwesternhaus wohnten und arbeiteten. Dort blieben sie auch, wenn sie alt und krank wurden. Die Witwen wurden im Witwenhaus betreut und versorgt. Arme Gemeinglieder konnten auf Gemeinkosten ärztliche Hilfe in Anspruch nehmen, arme Kinder kostenlos die Schule besuchen. Diese sozialen Leistungen gingen weit über das hinaus, was in anderen Orten angeboten wurde. Sie waren auch weitreichender als das, was in dem neuen staatlichen Gesetz geregelt wurde. Die Brüdergemeine hatte daher kein Interesse an Veränderungen. Um dem neuen Gesetz zu entsprechen, war sie bereit, ihre sozialen Leistungen künftig als „Ortsarmenverband" weiterzuführen, aber möglichst genau in derselben Weise wie bisher und im begrenzten Rahmen ihres Ortes. Ein Zusammenschluss mit der Ortsgemeinde würde zwangsläufig den Kreis der Bedürftigen ausweiten und dadurch die eigenen Hilfsbedürftigen schlechter stellen. Diese Argumente und einige weitere äußerte der Vorsteher der Brüdergemeine am 13. Mai 1871 in seinem Antwortschreiben an das Landratsamt.[11] Er betonte besonders die großen Unterschiede zwischen den beiden Gemeinden und die seit jeher bestehende strikte Trennung derselben. Dieser Trennung widerspräche, dass die Besitzungen

---

[10] s. Anlage 7. Dieses Schreiben und der weitere Schriftwechsel zu diesem Thema ist im Archiv der Brüdergemeine Ebersdorf unter Reg. ÄR II R16 zu finden
[11] s. Anlage 8.

der Brüdergemeine in einem gemeinsamen Flurbuch „Ebersdorf"
eingetragen sind. Der Vorsteher bat daher, künftig ein separates
Flurbuch „Ebersdorf Brüdergemeine" zu führen.
In einem Schreiben vom 13. Juni 1871 zeigte sich der Leiter des
Fürstlichen Ministerium für das Innere, v. Beulwitz, nicht
abgeneigt, dem Wunsch der Brüdergemeine nach Abtrennung und
Führen eines eigenen Flurbuches zu entsprechen, da die
Besitzungen der Brüdergemeine mit Ausnahme des Friedhofs ein
geschlossenes Gebiet bildeten. 4 Flurstücke (Georg Adam Menk,
Christoph Strauß, Friedrich Renkewitz, Johann Kreiselmeier)
gehörten bisher nicht dazu und müssten dem zu bildenden
Gemeinbezirk der Brüdergemeine zugewiesen werden. Beulwitz
beauftragte das Landratsamt mit der weiteren Bearbeitung.
Es folgte ein umfangreicher Schriftwechsel zur Klärung von
Detailfragen, insbesondere ob einzelne Hofreiten, Flurstücke,
Wiesen und Wege zum Gebiet der Brüdergemeine gehören oder
nicht. Häufig mit Verweis auf das Flurbuch.
Im Schreiben vom 30. Juni 1871 erkannte das Ministerium für
das Innere an, dass „die beiden Gemeinden als zwei gesonderte
Gemeinden und als räumlich abgegrenzte Ortsarmenverbände (§4
des Bundesgesetzes über den Unterstützungswohnsitz vom 6.
Juni 1870) zu betrachten (sind) und kommt es gegenwärtig nur
darauf an, zu welcher Gemeindeflur ein oder das andere
Grundstück, bezüglich dessen noch Zweifel bestehen, zu ziehen
ist."
Nachdem 1851 noch beide Gemeinden einhellig einen
Zusammenschluss abgelehnt hatten, vertrat diesmal der
Gemeindevorstand der Ortsgemeinde eine andere Ansicht. Der
Gemeindevorsteher Reuschel meldete sich am 16. Juli zu Wort. Er
relativierte die Aussage seines Amtsvorgängers von 1851 und
betonte jetzt, dass es doch schon immer eine Reihe von
Gemeinsamkeiten zwischen den Orten gegeben habe und eine
räumliche Trennung nicht gegeben sei. Das begründete er u.a.
damit, dass es nur ein Flurbuch für Ebersdorf gibt. In einem

langen Brief (handschriftlich 12 Seiten)[12] schrieb er:
„Dass die Besitzungen der Brüdergemeine von jeher nur <u>einen</u>
Orts- und Flurbezirk gebildet haben, steht außer Zweifel. Wir
brauchen die Beweise hierfür nicht aus der Zeit herzuholen, als
die Herrnhuter sich in Mitte des damals bereits lange vorher
bestehenden Orts Ebersdorf festgesetzt haben und worüber wohl
nicht ganz mit Unrecht die Einwohner ein gar großes Wehgeschrei
erhoben, wie wir dies aus einem alten Aktenstück erfahren,
sondern wir stützen unsre Meinung vor der Hand auf das
gemeinschaftliche Flurbuch mit gemeinschaftlichen und
gemeinschaftlich bezahlten Feldgeschworenen und auf das Fehlen
jedes Flurgrenzsteins zwischen den vorgeblichen zwei Fluren und
dem Umstand, dass die hohen Behörden niemals einen
Unterschied zwischen Orts- und Brüdergemeine Ebersdorf
gemacht haben..." Reuschel brachte in diesem Brief eine Reihe
von Beispielen, die zeigen, dass eine völlige Trennung der beiden
Gemeinden kompliziert, wenn nicht gar unmöglich sei. Dabei ging
es um Grundstücke, die innerhalb des jeweils anderen Gebietes
liegen, und um „Nichtherrnhuter", die zwar in der Brüdergemeine
wohnten, aber formell zur Ortsgemeinde gehörten. Auch sah
Reuschel bei einer Trennung Nachteile für die Ortsgemeinde, u.a.
durch die Reduzierung der Bierverbrauchsabgabe. In
Berücksichtigung aller dieser Umstände habe „daher der
Gemeinderat einstimmig beschlossen, die angesonnene
Einwilligung in die völlige politische Trennung der Gemeinde
Ebersdorf in zwei abgetrennte Gemeinden, die Ortsgemeinde und
die Brüdergemeine, zu verweigern, und im Gegenteil zu
beantragen, dass die beiden Gemeindeverwaltungen auf Grund
des Art. 4 der Gemeinde Ordnung vereinigt werden."
Am Ende des Schreibens spricht Reuschel „den dringenden
Wunsch aus, dass die entstandenen Differenzen zwischen den
Beteiligten in Frieden ausgeglichen werden möchten, und

---

[12] s. Anlage 9

konstatiert im Einverständnis mit dem Gemeinderat gern, dass die freundnachbarliche Gesinnung der Mitglieder der Brüdersozietät für die übrigen Einwohner Ebersdorfs recht sehr anerkannt und dafür von Dank durchdrungen ist".

Dem Antrag der Ortsgemeinde nach Vereinigung beider Ortsteile wurde nicht entsprochen. Die Brüdergemeine erhielt am 4. Juli 1872 ein eigenes Flurbuch für den Flurbezirk „Brüdergemeinde Ebersdorf", ausgefertigt vom Fürstlichen Kataster-Bureau auf Anordnung des Fürstlichen Ministeriums.

Damit war das Thema „Zusammenschluss beider Ebersdorfer Gemeinden" vorerst vom Tisch. Ernst Reuschel blieb bis 1914 (insgesamt 38 Jahre) Bürgermeister von Ebersdorf.

In den bewegten Jahren während und nach dem 1. Weltkrieg gab es auch viele Veränderungen in Ebersdorf und schließlich kam auch wieder der Zusammenschluss auf die Tagesordnung.

Ortseingang „Herrnhuter Colonie"

8. Ebersdorf vor, während und nach dem 1. Weltkrieg

In den ersten Jahren des 20. Jahrhunderts zog der Fortschritt auch in Ebersdorf ein. Er zeigte sich in Form der Elektrifizierung, einer gemeinschaftlichen Wasserversorgung und wachsendem Fremdenverkehr. Diese personell und finanziell aufwendigen Projekte brachten es mit sich, dass sie teilweise von Ortsgemeinde und Brüdergemeine gemeinschaftlich angegangen wurden.

1911 wurde ein Wasserwerksausschuss gegründet. Die Wasserversorgung erfolgt bisher dezentral durch Brunnen. Jetzt wurden ein zentrales Leitungsnetz und ein Wasserwerk gebaut, ein geeignetes Grundstück gekauft und in diesem „Quellgebiet" Bohrungen durchgeführt. Trotz Erkundigungen durch Wünschelrutengänger litt man jahrelang unter der mangelnden Ergiebigkeit der Quellen. Mehrmals gab es wochenlang gar kein Wasser. Eine Bohrung hinter dem Gemeinhaus der Brüdergemeine erschloss 1919 schließlich eine starke Quelle.

1912 begann die Versorgung des Ortes mit Elektrizität. Der Gemeinderat führte mehrmals Verhandlungen mit der Überlandzentrale Probstzella. Deren Leiter, Ingenieur Itting, stellte die neue Technik vor und machte Angebote für die Versorgung des Ortes. Die Gemeinderäte besichtigten vorhandene Anlagen in Oberlemnitz, Heinersdorf und Wurzbach. Itting bot den Strom für 50 Pfg. pro Kilowattstunde an. Eine komplette Hausanlage mit 10 Brennstellen wurde für 635,- Mark installiert.

Am 29.7.1913 erteilte Ebersdorf einen Auftrag für die Straßenbeleuchtung des Ortes. Installation und Betrieb sollten 400,- Mark jährlich kosten. Insgesamt wurden 28 Lichtstellen[13] unterschiedlicher Stärke (damals in „Kerzen" gemessen)

---

[13] s. Anlage 25

angebracht. Bereits am 3.9.1913 konnte der Gemeinderat die fertige Beleuchtung besichtigen.

Im Jahr 1880 hatte sich ein Verein „Sommerfrische Ebersdorf" gegründet, der spätere Kurverein. Seitdem hatte der Fremdenverkehr im Ort einen erfreulichen Aufschwung genommen. 1913 wurden der Bau eines Schwimmbades und die Erhebung einer Kurabgabe für die Gäste der Sommerfrische beschlossen.

Diese erfolgreiche Entwicklung des Ortes wurde durch den Ausbruch des 1. Weltkrieges empfindlich gestört. Viele männliche Einwohner beider Gemeinden mussten in den Krieg, 29 von ihren sind gefallen (21 aus der Ortsgemeinde, 8 aus der Brüdergemeine), die wirtschaftliche Lage verschlechterte sich. Der Fremdenverkehr kam zum Erliegen. Die Lebensmittelversorgung war unzureichend und führte zu häufigem Streit zwischen den beiden Orten. Die Ortsgemeinde argwöhnte, dass die Brüdergemeine besser versorgt wurde. Laut Gemeinderats-Protokoll[14] vom 6.11.1916 erhielt die Ortsgemeinde eine Lieferung von 30 Stück Butter, während in die kleinere Brüdergemeine 70 Stück geliefert wurden. (Später erklärte die Brüdergemeine dazu: Wenn mehr Lebensmittel an die Brüdergemeine geliefert wurden, dann deshalb, weil die Firma Göttling und Co. als Verteilstelle für mehrere Ortschaften diente.) Der Strompreis stieg auf 1,30 Mark pro Kilowattstunde. Petroleum wurde zur Mangelware.

Nach dem Krieg blieb die wirtschaftliche Lage Deutschlands über viele Jahre hinweg sehr schlecht. Neben der materiellen Not beobachtete man mit Sorge die Friedensverhandlungen, deren Ergebnis dann auch schließlich mit dem Versailler Vertrag große Belastungen für die deutsche Bevölkerung brachte.

---

[14] s. Gemeinderatsprotokolle Ebersdorf (R.) 1910-1920, Archiv Freundel im Comeniuszentrum Ebersdorf

Das Ende des Krieges führte zu tiefgreifenden Veränderungen in der politischen Landschaft. Der letzte regierende Fürst Heinrich 27. Reuß erklärte am 11. November 1918 seinen Rücktritt. Die beiden Reußischen Fürstentümer wurden zum Freistaat Reuß jüngere Linie und zum Freistaat Reuß ältere Linie. Am 2.2.1919 waren Landtagswahlen in beiden Staaten, aus denen die USPD (Unabhängige Sozialdemokratische Partei Deutschland) als Sieger hervorging. Zwei Monate später vereinigten sich die beiden Freistaaten zum Volksstaat Reuß und ein Jahr später, am 1.5.1920, schloss sich dieser Volksstaat Reuß mit 6 weiteren Thüringer Staaten zum Land Thüringen zusammen.

Durch die veränderten politischen Verhältnisse war die Brüdergemeine jetzt in einer schwachen Position. Bisher waren die „Herrnhuter" dem Reußischen Fürstenhaus treu ergeben gewesen und genossen den Schutz des jeweiligen Landesherrn. So steht es auch in dem Antrag der Ortsgemeinde auf Zusammenschluss beider Gemeinden: „eine Vereinigung beider Gemeinden scheiterte (bisher) aber an dem Versprechen des damaligen Fürsten, dafür einzustehen, dass, solange das Fürstenhaus die Regierung ausübt, die Brüdergemeinde Ebersdorf als selbständige Gemeinde gelten und bestehen soll."[15]

---

[15] s. Anlage 10

9. Vereinigung der beiden Gemeinden 1920

Bei diesen raschen Veränderungen und Zusammenschlüssen wurde auch der Gedanke an einen Zusammenschluss Ebersdorfs wieder wach. Die Initiative dazu ging eindeutig von der Ortsgemeinde aus. Erste Gedanken wurden in der Gemeinderatssitzung am 30. Dezember 1918 geäußert. Im Protokoll heißt es:

„Ferner wurde die eventuelle Zusammenlegung der beiden Gemeinden erörtert, die sich in jetziger Zeit leicht verwirklichen lasse und nicht nur für den Haushaltungsplan Vorteile bringe, sondern auch dem Ansehen des Ortes diene. Es wird der Beschluss gefasst, dass die Herren Neumeister und Große zwecks einschlägiger Besprechung mit dem Vollzugsrat nach Gera reisen sollen und wird demnächst das Weitere veranlasst werden."[16]

Am 15. Februar 1919 stellte dann der Gemeinderat der Ortsgemeinde an das Hohe Ministerium zu Gera den Antrag „beide bestehenden Gemeinden, Orts- und Brüdergemeinde, zu einer Gemeinde vereinigen und dem Orte Ebersdorf-Reuss das Stadtrecht verleihen zu wollen."
Der Antrag[17] enthält eine ausführliche Begründung. Die Hauptargumente für den Zusammenschluss sind: eine Verringerung des Verwaltungsaufwandes, höhere Steuereinnahmen, Steigerung des Fremdenverkehr und Verbesserung der Lebensmittelversorgung.

Die Brüdergemeine wurde erst nach Absendung dieses Schreibens informiert und war darüber sehr verärgert. Die Empörung schlug hohe Wellen in der Herrnhuter Colonie. Der Ältestenrat legte

---

[16] Gemeinrats-Protokolle Ebersdorf (R.) 1910-1920, Sammlung Freundel im Comeniuszentrum Ebersdorf

[17] s. Anlage 10

sofort in einem Schreiben[18] vom 18. Februar energischen Protest ein. Auch die 106 Teilnehmer einer umgehend einberufenen Mitgliederversammlung der Brüdergemeine verwahrten sich gegen diesen Antrag, den sie als Vergewaltigung ihrer Interessen ansahen, und baten das Ministerium, den Antrag abzulehnen[19].

Das Ministerium in Gera beauftragte das zuständige Landratsamt in Schleiz, sich mit der Sache zu befassen. Landrat Plessing lud zunächst zwei Vertreter der Brüdergemeine ein (Herrn Bürgermeister von Bose und Herrn Kaufmann Raatz). In einer Notiz[20] zu dem Gespräch vermerkte der Landrat: „Der Hauptgrund gegen die Vereinigung der beiden politischen Gemeinden Ebersdorf ist von altersher unfreundliche, feindliche Stimmung der Bevölkerung der Ortsgemeine gegen die Brüdergemeine. Bei dem zahlenmäßigen Übergewicht der Ortsgemeine werde diese feindselige Stimmung zu einer Zurücksetzung der jetzigen Brüdergemeine in der zu bildenden Gesamtgemeinde führen." Das war vermutlich der Standpunkt der beiden Vertreter der Brüdergemeine. Der Landrat erklärt, dass in der gegenwärtigen Zeit diese Argumente wenig Aussicht auf Erfolg haben würden und empfahlen den Abschluss eines Eingemeindungs-vertrages.

Im April 1919 verfasste der Ortsvorsteher der Brüdergemeine von Bose ein längeres Schreiben[21] an das Landratsamt, in dem er den geschichtlichen Hintergrund und die jetzige Situation aus Sicht der Brüdergemeine darstellte, die ablehnende Haltung begründete und darum bat, den Antrag der Ortsgemeine abzuweisen.

Der Landrat wollte jedoch die Vereinigung voranbringen und drang auf eine gemeinsame Sitzung beider Gemeinden. Zunächst beriet jedoch die Brüdergemeine für sich. Über diesen Gemeinrat

---

18 s. Anlage 11
19 s. Anlage 12
20 s. Anlage 13
21 s. Anlage 14

(das ist die Versammlung aller Mitglieder) berichtete von Bose am 9. Mai 1919 dem Landrat.[22] Demnach wurden die Anwesenden zunächst zum Stillschweigen verpflichtet, damit jeder frei und offen reden könne. Nachdem alle gegen die Einverleibung geltend gemachten Bedenken noch einmal sachlich erwogen wurden, war die Stimmung eine ablehnende. „.. und sie wird es auch bleiben, mag kommen, was da wolle." Der Landrat solle von einer gemeinsamen Sitzung beider Gemeinden Abstand nehmen, da die Geschäftsleute unter den Mitgliedern der Brüdergemeine befangen und nicht in der Lage wären, dort ihren ablehnenden Standpunkt zu äußern. Einem Gemeindemitglied wäre bereits mit Entziehung von Arbeit gedroht worden, wenn er sich weiter ablehnend verhielte. Die vom Landrat genannten Zweckmäßigkeitsgründe könnten nicht anerkannt werden, da der Verwaltungsapparat nicht kleiner, sondern teurer werden würde. Eine Einverleibung würde zu dauernden Reibereien und Beschwerden führen.

Der Landrat bestand jedoch auf der gemeinsamen Sitzung beider Gemeinden. Der Ortsvorsteher der Brüdergemeine teilte ihm am 17.5.1919 mit[23]: „Pflichtgemäß sind die Gemeinderats-Mitglieder zur der auf den 22. Mai anberaumten Einverleibungssitzung beider Gemeinderäte eingeladen worden. Ich bemerke aber wiederholt, dass dieselben gebeten hatten, von einer derartigen Sitzung absehen zu wollen, weil eine freie Meinungsäußerung da nicht möglich sei. Die Beteiligung an dieser Sitzung dürfte daher eine verhältnismäßig schwache, vielleicht auch ungenügende sein..."

Wie die Reußische Landeszeitung[24] berichtete, waren bei dieser Sitzung von Seiten der Brüdergemeine tatsächlich nur der Vorsteher und der Gemeinderatsvorsitzende anwesend. Es konnte

---

[22] s. Anlage 15
[23] s. Anlage 16
[24] s. Anlage 17

dann auch keine Verständigung über das weitere Vorgehen erzielt werden.

Dennoch wurden die Bestrebungen zum Zusammenschluss von Seiten der Ortsgemeinde zügig vorangetrieben. Am 30. Mai bildete deren Gemeinderat eine Kommission zur Zusammenlegung der Gemeinden, die aus dem Bürgermeister Rabe, dem Gemeinderatsvorsitzenden Lehrer Friedrich und den Gemeinderatsmitgliedern Thomä und Weigelt bestand.[25] Wenig später wurde die Kommission um Mitglieder der Brüdergemeine erweitert.

In der Brüdergemeine resignierte man inzwischen und fand sich allmählich mit dem Zusammenschluss ab. So wird im Juni 1919 vermerkt: „Die Verschmelzung der 2 Ebersdorfer Gemeinden scheint Tatsache zu werden. Es lässt sich wohl nicht vermeiden. Die Gemeinde des oberen Dorfes will die kirchlichen und Besitzrechte der Brüdergemeine ... energisch wahren."[26] Die Entscheidung schien gefallen zu sein. In der zweiten Jahreshälfte 1919 fanden in beiden Gemeinderäten zwar zahlreiche Sitzungen statt, darunter auch einige gemeinsame. Aber die Zusammenlegung war kein Thema mehr. Es ging vorwiegend um Fragen der Wasserversorgung[27], die immer noch nicht zufriedenstellend war, um Störungen und Unterbrechungen in der Stromversorgung und um Ausbesserungsarbeiten an der „Vogelallee". So nannte man damals den Weg zum Pohlighaus. Die Bevölkerung hatte in den Jahren nach dem Weltkrieg auch noch ganz andere Sorgen. Die wirtschaftliche Lage war sehr schlecht. Politische Unruhen erschütterten das Land (Novemberrevolution, Spartakusaufstand, Weimarer Republik, Kapp-Putsch), auch wenn deren Auswirkungen nicht immer in

---

[25] Gemeinrats-Protokolle Ebersdorf (R.) 1910-1920, 30.5.1919, Sammlung Freundel im Comeniuszentrum Ebersdorf
[26] Diarium der Brüdergemeine Ebersdorf 1919
[27] s. Anlage 18

Ebersdorf zu spüren waren. Man nahm Anteil an den Friedensverhandlungen, die mit dem Versailler Vertrag letztlich sehr schmerzlich für Deutschland endeten. Und in Ebersdorf, selbst in der Brüdergemeine, gab es heftigen Streit wegen der geplanten Einführung des Frauenwahlrechts.

Bezüglich der Orts-Zusammenlegung herrschte grundsätzliches Einverständnis. Zahlreiche Detailfragen wurden noch verhandelt. Der Landrat hatte seine Unterstützung zugesagt und formulierte aus den Entwürfen und Änderungsbitten der beiden Gemeinden einen „Vertrag über die Vereinigung der Ortsgemeinde und der Brüdergemeinde Ebersdorf zu einer einzigen Gemeinde."[28]

Im Jahr 1920 war alles unter Dach und Fach. Bereits am 1. Januar wurden die beiden Standesämter zusammengelegt. Der Vereinigungs-Vertrag wurde am 3. Februar 1920 unterzeichnet. Neben den Paragraphen, die den Zusammenschluss besiegelten, war darin festgelegt, wann und wie der Gemeinderat zu wählen sei. Die in den beiden Ortsteilen bestehenden Ortsgesetze und Verordnungen sollten vorerst weiter Gültigkeit haben. Der Besitzstand der Brüdergemeine und ihre kirchlichen Einrichtungen, Sitten und Gebräuche, insbesondere die Privatschule, die Diakonissenstation usw. sollten nicht angetastet werden.

Daneben fanden sich einige Paragraphen zum straßenmäßigen Ausbau der besagten Vogelallee, zu den Anschlagsorten für Bekanntmachungen, zur Stationierung der Löschgeräte der Brüdergemeine und zur Verteilung der Zinsen eines Vermächtnisses.

Das Datum des Zusammenschlusses war auf den 1. April 1920 festgelegt.

---

[28] s. Anlage 19

Beide Gemeinderäte strebten nun an, den gemeinsamen Gemeinderat bereits vor dem offiziellen Vereinigungstag zu wählen[29]. In einer Wahlversammlung[30] für den ganzen Ort wurde bekannt gegeben, dass im neuen Gemeinderat 6 Sitze für die Ortsgemeinde und 4 Sitze für die Brüdergemeine vorgesehen sind. Postverwalter Große und Lehrer Friedrich stellten einen gemeinsamen Wahlvorschlag zur Aussprache, mit der Bitte „dass man sich auf diesen gemeinsamen Wahlvorschlag einigen möchte zur Vermeidung eines Wahlkampfes und zur Stärkung der Einmütigkeit und der Zusammengehörigkeit beider Gemeinden". Es wurden zwar 97 Stimmen für den gemeinsamen Vorschlag abgegeben, aber 15 der Anwesende hatten andere Namen auf dem Zettel und beharrten auf der Aufstellung von Gegenlisten. So war dieser Versuch vorerst gescheitert.

Am 4. März berichtete jedoch die Reußische Landeszeitung[31], dass der Landrat Dr. Lenz den neuen Gemeinderat verpflichten konnte, da kein anderer Wahlvorschlag eingereicht worden war. Vorsitzender wurde Postverwalter Große, sein Stellvertreter Lehrer Friedrich, Schriftführer der Kaufmann Haberkorn. Große gehörte (neben Bernhard, Martin und Stammberger) zum 4-köpfigen Kontingent der Brüdergemeine, obwohl er kein Mitglied der Gemeine war, sondern lediglich im oberen Ort wohnte. Das machte ihn vermutlich besonders geeignet als Vorsitzender des neuen Gemeinderates.

So konnte dann am 23. März 1920 der Zusammenschluss in der Reußischen Landeszeitung amtlich bekannt gegeben werden. Über den weiteren Werdegang steht im Diarium der Brüdergemeine: „Am 1. April ist die Verschmelzung der 2 Gemeinden Tatsache geworden. Am 2. fand die 1. Gemeinderatssitzung statt und zwar in dem Kleinen Brüderhaus

---

[29] s. Anlage 20
[30] s. Anlage 21
[31] s. Anlage 22

Bekanntmachung.

Die Landesregierung des Volksstaates Reuß hat die Vereinigung der Ortsgemeinde und der Brüdergemeinde Ebersdorf zu einer einzigen Gemeinde mit dem Namen **Ebersdorf** mit Wirkung vom 1. April 1920 ab genehmigt.

Schleiz, am 23. März 1920.

Der Vorsitzende des Bezirksverbandes

Dr. Lenz.

parterre rechts[32] (bisher Lesezimmer für die Kurgäste). Vom 1.7. an soll dieses Zimmer als Büro des Kirchenrechners dienen, dagegen die zwei Stuben parterre im Bolmhaus[33] dem Gemeinderat."

Bürgermeister der neuen Gemeinde wurde Malermeister Rabe, sein Stellvertreter Bruder von Bose.

Von dem ursprünglich für Ebersdorf beantragten Stadtrecht war nie wieder die Rede. Die Ebersdorfer mussten noch 83 Jahre warten, bis ihnen diese Ehre zuteil wurde.

Ob es zur Vereinigung beider Gemeinden eine Festveranstaltung gegeben hat? Einen Empfang? Ein Feuerwerk? Ein Platzkonzert? Einen Gottesdienst? Oder wenigstens eine Ansprache des Bürgermeisters an das nunmehr vereinte Volk? Es ist möglich, aber in den zur Verfügung stehenden Akten konnten keine Hinweise darauf gefunden werden. Auch die Presse hat nichts darüber berichtet. Das Protokollbuch der Ortsgemeinde – es endet mit dem Zusammenschluss – gibt keine Auskunft. Es hätte aber doch zumindest einen Hinweis auf die Vorbereitung einer

---

[32] Lobensteiner Str. 12, das Zimmer beim gelben Postbriefkasten. Es dient jetzt den Mietern als Fahrradschuppen.
[33] Das ist das Haus Zinzendorfplatz 1

34

entsprechenden Veranstaltung enthalten müssen. In den Protokollen der Brüdergemeine ist ebenfalls nichts vermerkt.

So wird der Tag wohl ohne große Festlichkeit abgelaufen sein. Am Verhältnis der Einwohner beider Orte wird sich nur ganz allmählich etwas geändert haben. Die Trennung in den Köpfen hat noch lange Zeit bestanden. Das Leben im oberen Ortsteil wurde weiterhin hauptsächlich von der Brüdergemeine bestimmt. In den Protokollen des Ältestenrates finden sich nur selten Hinweise auf Verbindungen zur politischen Gemeindeleitung. Im Jahresbericht 1921 werden Bedenken geäußert, dass die Brüdergemeine infolge der Vereinigung „beiseitegeschoben" wird.

Nach und nach näherten sich die Gemeinden aber doch an. Einen Anteil daran hatte sicherlich die Verschmelzung der beiden Schulen. Kinder knüpfen ja am schnellsten Kontakt zu „Fremden". 1920 hatte die Brüdergemeinschule 41 Kinder. Die höhere Klasse wurde 1822 und die untere Klasse 1924 aufgelöst und in die Schule im unteren Ortsteil eingebunden.
In Berichten[34] aus den Jahren nach dem Zusammenschluss werden eine ganze Reihe gemeinsamer Veranstaltungen genannt, wie die Einweihung des Gefallenendenkmals und gemeinsame Feiern zur Begrüßung heimgekehrter Kriegsgefangener, sowie gemeinsame Veranstaltungen beider Kirchen.
Aber insgesamt dauerte das Zusammenwachsen der beiden ehemals getrennten Gemeinden mehrere Jahrzehnte, selbst in äußerlichen Dingen, wie den Wohnadressen. Bis 1952 gab es keine offiziellen Straßennamen in Ebersdorf. Die Häuser waren durchnummeriert, aber in Orts- und Brüdergemeine getrennt. So gab es viele Hausnummern doppelt und man behalf sich zur Unterscheidung mit einem vorgesetzten BG. Das Haus BG1 zum Beispiel war die jetzige Lobensteiner Str. 24/25, das sogenannte

---

[34] s. Anlage 17

Badehaus. Haus 1 (ohne Zusatz) war bis 1952 die jetzige Hauptstraße 6, das Pfarramt der ev.-Luth. Kirche.[35]

Die untere Klasse der Brüdergemein-schule im Jahr 1924 mit 2 Lehre-rinnen und 21 Kindern.

Notgeld 1921

---

[35] s. D. Findeisen, Die alten Hausnummern Ebersdorfer Häuser und deren Bewohner um 1948/50, BoD-Verlag, 2016

10. 100 Jahre Höhen und Tiefen – jetzt aber gemeinsam

Die Jahre nach dem Zusammenschluss waren von wirtschaftlichen Problemen überschattet. In dem 1919 unterzeichneten Friedensvertrag von Versailles waren hohe Reparationszahlungen Deutschlands an die Siegermächte festgelegt. Die Inflation von 1923 übertraf alles bisher Dagewesene. Die Gemeinde Ebersdorf gab schon im Juni 1921 ihr eigenes Notgeld heraus. Es zeigt Ebersdorfer Motive, wie das Schloss, das Gefallenen-Denkmal und den Blick vom Heinrichstein. Einer der aufgedruckten Sprüche lautet: „Bedenke, nimmst du mich zur Hand, wir haben schwere Not im Land. Tu deine Pflicht drum unbeirrt, damit die Zukunft besser wird." Nach der Inflation 1923 trat eine kurze wirtschaftliche Erholung ein. Aber dann kam 1929 die Weltwirtschaftskrise. Die großen materiellen und sozialen Probleme, besonders die hohe Arbeitslosigkeit, machten sich auch in Ebersdorf bemerkbar.

Umso erstaunlicher ist es, dass einige größere Vorhaben verwirklicht werden konnten. Das 1921 eingeweihte Denkmal für die Gefallenen des 1. Weltkrieges wurde schon erwähnt. 1922 wurde das Kinderheim „Gottesschutz" seiner Bestimmung übergeben. Der Kammergutspächter Hageguth hatte das Haus dafür gekauft und dem Kinderheim zur Verfügung gestellt. 1926 konnte das Krankenhaus in Betrieb genommen werden. 1927 eröffnete das Postamt in der Postgasse, nachdem es bisher im oberen Ortsteil beheimatet war. 1931 wurde die von Ernst Barlach gestaltete Grabanlage für die letzte reußische Herrscherfamilie im Ebersdorfer Park ihrer Bestimmung übergeben. Das Schwimmbad wurde 1932 beträchtlich erweitert. Der zweite Weltkrieg brachte auch den Ebersdorfern viel Leid. Zwar gab es keine kriegsbedingten Zerstörungen, aber die Zahl der Gefallenen überstieg die des 1. Weltkrieges beträchtlich. Gegen Kriegsende kamen viele Flüchtlinge in den Ort. Nach dem Krieg wurde Ebersdorf zunächst durch amerikanische, dann durch sowjetische Soldaten besetzt. Die Bodenreform 1948 brachte einschneidende Veränderungen. Weitere Umgestaltungen

in der Landwirtschaft führten zum Bau einer Maschinen-Ausleihstation (MAS), später MTS (Maschinen-Traktoren-Station) bzw. Kreisbetrieb für Landtechnik, sowie zur Gründung von Landwirtschaftlichen Produktionsgenossenschaften.
Das Schloss wurde – ebenso wie das Schwesternhaus der Brüdergemeine - zum Altenheim umfunktioniert. Eine moderne, schöne Zentralschule entstand von 1949 bis 1953 im Park. 1954 wurde das neue Kulturhaus eingeweiht, welches anstelle des abgebrannten Marstalls errichtet wurde. Das Krankenhaus wurde 1956 um eine Ambulanz erweitert.

Höhepunkte der kulturellen Entwicklung des Ortes waren die Gründung des vielfach ausgezeichneten Dorftheaters, die ersten Dorffestspiele 1960 mit der Aufführung der „Lützower" und der Bau der Naturbühne im Park.

Seit 1979 ist der Kindergarten in der Graupner-Villa.

Das Ende der DDR 1989 und die Wiedervereinigung Deutschlands waren auch für die meisten Ebersdorfer mit Veränderungen verbunden – positiven und negativen.

1993 kam es zu einem weiteren Zusammenschluss. Die Orte Ebersdorf, Friesau, Röppisch, Schönbrunn und Zoppoten schlossen sich freiwillig zur Gemeinde Ebersdorf/Thüringen zusammen.

1997 begannen die Erschließungsarbeiten für das Gewerbegebiet. In der Folge siedelten sich zahlreiche Gewerbebetriebe in Ebersdorf an.

Ebenfalls 1997 wurde das Krankenhaus geschlossen und abgerissen. An dessen Stelle wurde das Haus Elisabeth errichtet. Es wird, ebenso wie das 1999 eröffnete Pflegezentrum „Emmaus" im oberen Ortsteil, durch die „Diakoniestiftung Weimar Bad Lobenstein" betrieben.

Eine wechselvolle Geschichte hatte auch das Schloss. Bis 2000 als Pflegeheim genutzt, stand es danach fast 20 Jahre leer und wird jetzt durch den neuen Besitzer Herrn Hendrik Reuß - Heinrich XIX. Prinz Reuß restauriert und saniert.

Die vorerst letzte Orts-Zusammenlegung erfolgte am 1. Januar 2003. Die Gemeinde Ebersdorf/Thüringen und die Stadt Saalburg schlossen sich zur Stadt Saalburg-Ebersdorf zusammen.

„Ebersdorf bei Lobenstein", ca. 1830

11. Der Schlagbaum in Ebersdorf

Im Zusammenhang mit den beiden bis 1920 getrennten politischen Gemeinden in Ebersdorf wird immer wieder der Schlagbaum erwähnt, der auf der Grenze zwischen diesen beiden Orten stand. So ist es zumindest auf einer alten Lithographie zu sehen. Über diesen Schlagbaum ist leider so gut wie nichts bekannt. Man kann davon ausgehen, dass er tatsächlich existiert hat und vermutlich auch ungefähr an der Grenze der beide Orte gestanden hat. Aber mit großer Wahrscheinlichkeit war es nicht seine Aufgabe, die beiden Orte zu trennen und die Einwohner beim Überschreiten der Grenze zu kontrollieren oder ihnen irgendwelche Gebühren abzuverlangen. Vielmehr war es eine Geleit- oder Zolleinnahmestelle für ausländische Händler und Reisende.

In früheren Jahrhunderten war die Benutzung von Straßen und Wegen häufig mit Gefahren verbunden. Wegelagerer, Räuber und Raubritter trachteten den Handelsleuten nach ihren Waren oder sogar dem Leben. Durch begleitende bewaffnete Reiter suchten sie sich deshalb zu schützen. Im Laufe der Zeit entwickelte sich daraus das sogenannte Geleit, welches von dem Herrscher des jeweiligen Landes angeboten, später sogar für jeden Reisenden oder Händler zur Pflicht gemacht wurde. Für den Geleitdienst mussten die Beschützten natürlich Schutzgeld bezahlen. Später, als das Reisen ungefährlicher wurde, verzichtete man auf die bewaffneten Schutzkräfte, nicht aber auf das Schutzgeld. Denn die Fürsten wollten auf diese ergiebige Einnahmequelle nicht verzichten. An allen Durchgangsstraßen durch ein Herrschaftsgebiet gab es Geleiteinnahmestellen. Neben den Hauptgeleiten errichtete man an den Zufahrtswegen zu den Hauptstraßen sogenannte Beigeleitstellen, damit kein Reisender ohne Bezahlung das Gebiet durchfahren oder durchwandern konnte. Mittels Hinweis- und Verbotsschildern wurden die Reisenden zu den Hauptgeleitstellen gelenkt. Wer versuchte, auf Feldwegen oder durch die Wälder die Geleitstellen zu umgehen, musste mit hohen Strafen rechnen. Die Schranke in Ebersdorf gehörte vermutlich zu einer Hauptgeleitstelle mit fest angestellten Beamten. Die kleineren Geleitstellen wurden meist von den Amtsschulzen oder Dorfrichtern mit betreut und durch eine Tafel an deren Häusern gekennzeichnet. In einem Schreiben aus dem Jahr 1833 an die Geleiteinnehmer in Reuß Ebersdorf-Lobenstein sind 32 solche Geleitstellen genannt.

Als Standort für eine Hauptgeleitstelle bot sich natürlich die „Hauptstadt" Ebersdorf an, unter anderem weil dort die alte Handelsstraße Nürnberg-Leipzig verlief. Außerdem wohnten die Beamten ohnehin in Ebersdorf. Im oberen Ortsteil konnte man die Schranke wegen der besonderen Rechte der Herrnhuter nicht aufstellen. Blieb also die Ortsgemeinde und da war es durchaus naheliegend, die Schranke gleich an den Ortseingang, an die Grenze zur Brüdergemeine zu stellen. Dort stießen die beiden größeren Straßen zusammen, über die die Reisenden kommen konnten: die jetzige Lobensteiner Straße und der jetzige Pohligweg aus Richtung Grüner Esel. Zudem befand sich dort seit 1786 der Gasthof „Zum Löwen", in den die Fuhrleute bei dieser Gelegenheit vielleicht gern mal einkehrten.

Das Ende dieser innerdeutschen Zollschranken kam 1834. Denn das Geleit, das anfangs den Warenverkehr schützte und beförderte, war zu einem Handelshindernis geworden.

„Am 22 März 1833 wurde nach längeren Verhandlungen zu Berlin ein Zollvereinigungsvertrag zwischen Bayern und Württemberg einerseits und Preußen und den beiden Hessen andererseits zustande gebracht, dem schon acht Tage darauf das Königreich Sachsen beitrat. Am 11. Mai desselben Jahres trat der früher gebildete thüringische Verein von 9 Staaten (Weimar, Coburg-Gotha, Meiningen, Altenburg, die beiden Schwarzburg, die drei Reuss) dem Zollverein bei. In der Nacht des 31. Dezember 1833 fielen die Zollschranken zwischen dem vereinten Deutschland."[36]

Artikel 1.

Die Königlich Preußischen Landestheile, Stadt- und Landkreis Erfurt, nebst den Kreisen Schleusingen und Ziegenrück, der Kurfürstlich Hessische Kreis Schmalkalden, die Großherzoglich Sachsen-Weimar- und Eisenachischen Lande, mit Ausnahme der Aemter Allstedt und Oldisleben und des Amtes Ostheim, die Herzoglich Sachsen-Meiningenschen Lande, die Herzoglich Sachsen-Altenburgischen Lande, die Herzoglich Sachsen-Coburg- und Gothaischen Lande, mit Ausnahme der Aemter Volkenrode und Königsberg und des Fürstenthums Lichtenberg, die Fürstlich Schwarzburg-Sondershausenschen und Fürstlich Schwarzburg-Rudolstädtischen Oberherrschaften und die Fürstlich Reuß-Schleiz-, Reuß-Greiz- und Reuß-Lobenstein- und Ebersdorfischen Lande werden zu einem gemeinsamen Zoll- und Handels-Verbande unter dem Namen:

„Zoll und Handels-Verein der Thüringischen Staaten"

vereinigt.

Artikel 3.

Mit dem Tage der Ausführung des Vereins wird zwischen den sämmtlichen, im Artikel 1. genannten Landen und Landestheilen Freiheit des Handels und Verkehrs und Gemeinschaft der Zoll-Einnahme unter den nachfolgenden Bestimmungen eintreten.

Artikel 4.

Dem gemäß hören von jenem Tage an alle Eingangs-, Ausgangs- und Durchgangs-Abgaben an den gegenseitigen inneren Grenzen sämmtlicher zum Vereine gehörigen Lande und Landestheile, namentlich auch alle Binnen-Zölle (zu welchen jedoch die in dem folgenden Artikel erwähnten Wasserzölle nicht gerechnet werden sollen), dieselben mögen bisher unter dem Namen Geleit, oder unter irgend einer andern Benennung bestanden haben, gänzlich auf.

Gera, den 12. December 1833.

Fürstl. Reuß-Pl. der J. L. gemeinschaftliche Regierung das. Dr. Reichard.

In dem schon erwähnten Schreiben[37] vom 24. Dezember 1833 erteilte die Fürstlich Reußisch-Plauische Geleits- und Wegbaudirektion den 32 Geleitseinnehmern folgende Anweisung:

---

36 Robolsky, H.: Der deutsche Zollverein. Seine Entstehung, Entwicklung und Zukunft, Berlin 1862, S.4

„Da infolge der abgeschlossenen Handelsverträge das bisherige Geleit und der Zoll vom 1. Januar 1834 in dem hiesigen Fürstentum wegfällt; so werden die unten verzeichneten Geleits-Einnehmer, Amtsschulzen und Richter hierdurch angewiesen, sich von jenem Tage an der Erhebung des Zolls und Geleits zu enthalten, sich mit ihren Zetteln und Büchlein zu dem Geleits-Einnehmer-Post zu verfügen und mit diesem Berechnung zu pflegen, auch die Geleits-Tafeln von ihren Häusern und die etwaigen Verbotstafeln, welche wegen des Geleits an Wegen aufgestellt sind, abzunehmen und an den gedachten Post abzuliefern."

Eine ähnliche Anweisung dürfte auch für den Abbau der Zollschranke in Ebersdorf zum gleichen Zeitpunkt gesorgt haben.

Es gibt wenigstens zwei etwas unterschiedliche Bilder mit dem Blick auf die Herrnhuter Kolonie, auf denen der Schlagbaum zu sehen ist (Titelbild und Bild auf Seite 39).
Beides sind Lithographien, von denen mehrere Exemplare – koloriert und unkoloriert - in verschiedenen Archiven und Antiquariaten zu finden sind.
Ein Exemplar mit dem Titel „Ebersdorf bei Lobenstein" befindet sich im Unitäts-Archiv in Herrnhut, Datiert ist es mit „etwa 1830".

Eine exaktere Datierung etwa auf Grund des Bildinhaltes ist nicht möglich. Lediglich, dass es nach 1796 entstand, ist sicher. Denn das 1796 gebaute Große Brüderhaus ist zu sehen.
Die Farben Schwarz-Rot-Gelb am Schlagbaum dürfen nicht auf eine falsche Fährte führen. Zwar wurde das Schwarz-Rot-Gold als deutsche Flagge erst nach der Revolution 1848 gebräuchlich. Aber hier handelt es sich um die Landesfarben der Fürsten Reuß, die es schon länger gab.

---

[37] Staatsarchiv Greiz, Bestandssign. 3-12-2500, Landesdirektion Ebersdorf, Archivalien-Sign. 0170

Anlagen

Anlage	Inhalt	Seite
1	Brief der Fürstlich Reuß. Plauischen Regierung vom 29. Januar 1851 an den Herrn Landrat Fuchs in Ebersdorf, die Einführung der Gemeindeordnung in Ebersdorf betreffend,	47
2	Vermerk des Landrats Fuchs vom 4. Februar 1851	48
3	Vorsteher Fliegel an Landratsamt Ebersdorf am 19.2.1851:	49
4	Schreiben des Amtsschulzen Singer an den Landrat vom 21.2.1851	51
5	Schreiben des Landratsamtes an die Fürstl. Regierung vom 22.2.1851	52
6	Schreiben der Fürstlichen Regierung an Landrat Fuchs in Ebersdorf am 6.3.1851	54
7	Schreiben des Fürstlichen Ministeriumn Abteilung für das Innere, gez. v Beulwitz. Vom 29.4.1871	55
8	Antwort des Vorstehers der Brüdergemeine vom 13.5.1871 an das Fürstliche Landratsamt	56
9	Schreiben des Gemeindevorstandes Reuschel der Ortsgemeinde vom 16. Juli 1871	59
10	Antrag der Gemeinde Ebersdorf-Reuss (Ortsgemeinde) betreffend Vereinigung der beiden bestehenden Gemeinden Brüdergemeine und Ortsgemeinde. 15. Febr. 1919	65
11	Schreiben der Brüdergemeine an Ministerium in Gera vom 18.2.1919	67
12	Schreiben der Brüdergemeine an das Ministerium in Gera, 18. Febr. 1919	68
13	Notiz des Landrats am 27.2.1919	69

Anlage 1:

Brief der Fürstlich Reuß. Plauischen Regierung vom 29. Januar 1851 an den Herrn Landrat Fuchs in Ebersdorf, die Einführung der Gemeindeordnung in Ebersdorf betreffend, nebst Akten und Bürgerliste

Nach Erhalt der nebst einer Bürgerliste zur Rücksendung beigeschlossenen Akten des Fürstlichen Justizamtes Lobenstein hat die Ortsgemeinde zu Ebersdorf selbständig und mit Ausschluss der dasigen Brüdergemeinde die Wahl ihres Gemeindevorstandes vorgenommen, und es ist auch das Ergebnis vor dem Fürstlichen Justizamte gerichtlich vorgetragen worden. Durch Art. 4 der Gemeindeordnung ist aber bestimmt, dass das ganze innerhalb eines Ortes oder dessen Flurmarkung gelegene Gebiet einen Gemeindebezirk bilden soll, und es ist hiermit die Notwendigkeit gegeben, dass die bisher getrennt voneinander bestehenden beiden Gemeinden in Ebersdorf mit der Einführung der neuen Gemeindeordnung in Eine politische Gemeinde vereinigt werden, eine Maßregel, die für beide Teile ganz besonders auch aus ökonomischen Rücksichten schon von selbst empfehlenswert erscheint.
Von der Erledigung dieser Vorfrage muss daher auch die Wahl und Bestallung der Gemeindeorgane für den Ort Ebersdorf überhaupt abhängig bleiben, und wir weisen den Herrn Landrat Fuchs zu dem Ende hiermit an, diese Angelegenheit mit den beiden Gemeinden in Ebersdorf in Beratung zu ziehen und unter denselben durch geeignete Verhandlungen eine entsprechende Einigung im Sinne und nach Maßgabe der gesetzlichen Vorschriften zu vermitteln, wobei wir im Voraus bemerken, dass die Herstellung einer politischen Gesamtgemeinde die besonderen ökonomischen Verhältnisse der Brüdergemeine, deren innere Verfassung und Verwaltungs-Angelegenheiten, sowie die speziell verbürgten Rechte derselben in keiner Weise alteriert werden sollen.
Über das Ergebnis ist uns binnen längstens 6 Wochen berichtlich Anzeige zu erstatten.
Gera am 29. Januar 1851.
Fürstlich Reuß. Plauische Regierung
gez v. Bretschneider.

Anlage 2

Vermerk des Landrats Fuchs vom 4. Februar 1851

Ebersdorf, den 4. Februar 1851.

Vorgeladen erschienen vor Fürstlichem Landratsamte

1. der Vorstand der hiesigen Ortsgemeinde
namentlich der Amtsschulz Singer,
der Vormann Heinrich Horn ,
der Vormann Carl Becher ,
2. der Vorstand der hiesigen Brüdergemeine
Herr Vorsteher Fliegel.

Den Erschienenen wurde die nötige Eröffnung aus dem hohen Regierungsreskripte vom 29. vorigen Monats betreffend die Einführung der Gemeindeordnung hier, gemacht und dabei namentlich hervorgehoben, dass die Vereinigung beider Gemeinden nur in eine politische Gesamtgemeinde erfolgen und dadurch in die besonderen ökonomische Verhältnisse der Brüdergemeine, in deren innere Verfassungs- und Verwaltungsangelegenheiten, sowie in die speziell verbürgten Rechte derselben in keiner Weise eingegriffen werden solle, wobei noch über mögliche Voreinigungspunkte namentlich wegen einer gemeinschaftlichen Handhabung der Ortspolizei und sonstiger äußerer Kommunalangelegenheiten wie Jagd, Wegebau und dergleichen Rücksprache genommen wurde.

Die Comparanten erklärten, dass sie diesen Gegenstand vorerst in nähere Erwägung mit den übrigen Gemeindegliedern ziehen wollten und baten zu diesem Ende, für jetzt von jedem tieferen Eingehen in die Sache abzusehen und dann einen anderweiten Termin anzuberaumen.

Nachrichtlich. Große.

Anlage 3:
Vorsteher Fliegel an Landratsamt Ebersdorf am 19.2.1851:
Dem Wohllöblichen Fürstl. Reuß. Pl. Landratsamt zu Ebersdorf.
Durch das Wohllöbliche Landratssamt hierselbst wurde den
Ortsvorständen der beiden Gemeinden hier in Ebersdorf bekannt
gemacht, dass Eine Hohe Hochfürstliche Regierung beantrage,
dass bei Einrichtung der neuen Gemeinde-Ordnung vorgenannte
beide Gemeinden mit einander verbunden werden möchten. Da
dies aber für beide Gemeinen, die bis daher doch, wenn im Namen
zwar gleich und beisammen gelegen, doch im Übrigen ganz
getrennt sind und in ihren besonderen Verhältnissen es auch zu
bleiben wünschen, manche Schwierigkeiten herbeiführen würde,
so ist von beiden hiesigen Gemeines es der Wunsch, dass sie, wie
bisher, in allem getrennt bleiben möchten.
Im Namen der Evangelischen Brüdergemeine allhier, erlaubt sich
daher Unterzeichneter das höflichste untertänigste Gesuch, das
Wohllöbliche Landratsamt möge gütigst bei der hohen Regierung
beantragen und befürworten, dass auch bei Einführung der
neuen Gemeindeordnung, die beiden hiesigen Gemeinen in allen
ihren besonderen Einrichtungen, wie bisher getrennt bleiben
dürften?
Wir von Seiten unserer Brüdergemeine stellen insbesondere auf
das entschiedenste und dringendste, das alleruntertänigste
Gesuch, dass wir in allen unseren Einrichtungen, Ordnungen und
mit denen, von unserm durchlauchtigsten Landesfürsten unsrer
Gemeine allergnädigst uns zugesicherten Rechten, eine Gemeine
für uns allein bleiben dürften? So wie im Königreich Sachsen die
Brüdergemeinen in Herrnhut und Kleinwelke, und in Preußen
Gradenberg, Gnadenfrei und Gnadenfeld von ihren Nachbar-
Gemeinen, ganz ähnlich wie hier, auch ganz getrennt sind.
Dann habe die Hohe Regierung vielleicht die wohlmeinende gütige
Absicht, durch eine vorgeschlagene Vereinbarung beider
Gemeinen, dadurch bei der neuen Einrichtung eine
Kostenersparnis für uns zu bezwecken, so darf ich hier wohl mir
zu bemerken erlauben, dass grade eine Vereinigung mit der
unteren Orts-Gemeine uns Kosten verursachen würde, da wir
dann an dem Salär des Bürgermeisters usw. mit Anteil nehmen
müssten; hingegen wenn wir allein diese neue Gemeinde-Ordnung
(welche ganz gleiche Einrichtung in unsern Brüdergemeinen
schon von jeher besteht, nur unter etwas anderem Namen)

annehmen sollten; (welcher Höchsten Anordnung wir auch willig jederzeit Folge zu leisten bereit sind) wir gar keine neue Kosten haben würden, da dann jedenfalls der jedesmalige Gemein-Vorsteher zum Bürgermeister gewählt werden würde, wohin sich schon mehrere Gemein-Mitglieder erklärt haben, und es in den sächsischen Brüdergemeinen schon besteht, und dem Vorsteher von unsrer Unitäts-Direktion schon wegen seines sonstigen Gemein-Amtes sein Gehalt angewiesen ist, wo auch dadurch nichts verändert werden würde.

Da unsre Gemeine an Mitgliederzahl bedeutend kleiner ist, als unsere Nachbar-Gemeine, so würde der Bürgermeister und die meisten Orts-Vorstände natürlich aus der unteren Gemeine gewählt werden und diese immer die Majorität haben und wir dadurch im Nachteil stehen. Auch ist es ja nicht möglich, dass in Gemeinde-Angelegenheiten so mancher Art, der Bürgermeister und die Vorstände aus der unteren Gemeine für unsre obere Gemeine etwas beraten oder abstimmen könnten, weil ihnen unsre näheren Verhältnisse unbekannt und fremd, so wenig als die Vorstände aus unsrer Gemeine die Angelegenheiten der unteren Gemeine mit zu beraten im Stande wären. Diese und noch viele andere Gründe machen eine solche Vereinbarung vorgedachter beider Gemeinen unmöglich und durchaus nicht wünschenswert, weil durch eine Vereinigung der Art mancherlei Parteilichkeit, Uneinigkeit und Unfriede herbeigeführt werden würde, was jetzt nicht der Fall ist, da beide Gemeinen in Liebe und Frieden neben einander wohnen. Deshalb bitte ich das Wohllöbliche Landratsamt nochmals recht dringend, unser Gesuch bei der Hohen Regierung, um uns bei unsern alten Ordnungen und Rechten allein bestehen zu lassen, bestmöglichst zu unterstützen.

Indem ich mit Zuversicht hoffe, dass unser untertänigstes Gesuch sowohl bei dem Wohllöblichen Landratsamt, als bei der Hohen Regierung, welche sich stets so wohlwollend gegen uns bewiesen, gewiss gütigste und allergnädigste Berücksichtigung finden werde, zeichnet mit der allervorzüglichsten Hochachtung und Ergebenheit

Ebersdorf, den 19. Februar 1851

gez. C.A. Fliegel, Vorsteher, im Namen hiesiger evangl. Brüdergemeine

Anlage 4:
Schreiben des Amtsschulzen Singer an den Landrat vom
21.2.1851

Wohlgeborener Herr Landrat,
die von Ew. Wohlgeboren uns gemachte Mitteilung fürstlicher
Regierung zu Gera, die Vereinigung der Ortsgemeinde mit der
Brüdergemeinde betreffend, so haben wir nach reiflicher
Überlegung ersehen, dass solches nicht möglich ist, indem wir
nur den Namen Ebersdorf gemeinschaftlich führen, in allem
übrigen aber, zwei ganz abgesonderte Gemeinden sind, welche
sich wegen ganz eigner Verwaltungs-Gesetze der Brüdergemeinde
mit uns nicht vereinigen lässt.
Wir bitten daher gehorsamst Ew. Wohlgeboren möge solches der
Fürstlichen Regierung mitteilen.
Der Erfüllung unserer Bitte sieht mit aller Hochachtung entgegen.
Dero gehorsamster Ad. Singer, Amtsschulz, im Namen der
Ortsgemeinde
Ebersdorf, den 21. Februar 1851

Anlage 5:
Schreiben des Landratsamtes an die Fürstl. Regierung vom 22.2.1851

Sowohl die evangelische Brüdergemeinde als die Ortsgemeinde haben gegen die beabsichtigte Vereinigung zu einer politischen Gemeinde Vorstellung getan und dringend gebeten, dass von einer solchen Vereinigung abgesehen werden möchte, weil dadurch weder in pekuniärer, noch in sonst einer Hinsicht irgend ein Vorteil zu erzielen stehe und selbst die äußeren Verhältnisse der beiden Gemeinden die Bildung einer politischen Gesamtgemeinde hindernd entgegen treten würden, dahero nicht die Privilegien der Brüdergemeinde mehr oder weniger alteriert werden sollten.
Wenn sich der ehrerbietig unterzeichnete Beamte in dieser Angelegenheit ein Urteil erlauben darf, so kann solches nach Lage der Sache nur dahin ausfallen, dass eine solche Vereinigung erhebliche Nachteile für die Brüdergemeinde im Gefolge haben möchte und ohne solche selbst dann nicht ausführbar sein dürfte, wenn mir Rücksicht auf die vorliegenden Ausnahmezustände die Wahlbestimmungen in der Gemeindeordnung zu Gunsten der Brüdergemeinde einer entsprechenden Abänderung unterworfen werden könnten und würden.
Die heimatlichen Aufnahme- und Armenversorgungsangelegenheiten, sowie alle übrige den Gemeindehaushalt betreffende Sachen eignen sich, der dasfalligen eigentümlichen Verhältnisse der Brüdergemeine halber nicht zu einer gemeinsamen Behandlung.
Ebenso kann die Polizeiverwaltung für die Brüdergemeinde so lange nicht in die Hände eines gemeinschaftlichen Gemeindevorstandes übergehen, als nicht der privilegierte Gerichtsstand der gedachten Gemeinde aufgehoben ist.-
Die möglichen Vereinigungspunkte könnten daher höchstens die Steuer-, Wegebau-, Jagd- und Militärsachen bieten, obschon die

Brüdergemeinde Steuerfreiheit und Befreiung von allen Wegebaudiensten zu beanspruchen hat. Wegen dieser im Hinblick auf den geringen Umfang minder bedeutenden Gegenstände eine gemeinsame Behandlung eintreten zu lassen, dürfte nicht ratsam sein, wenn erwogen wird, dass, falls diese Behandlung auf den Grund der Gemeindeordnung erfolgen, die Brüdergemeinde nach ihrer Bevölkerung und ihrem Einflusse stets in der Minorität bleiben und somit sich einer unparteiischen Vertretung ihrer auch in diesen Stücken abgesonderten Interessen beraubt sehen würde.

Dagegen bietet die selbständige Einführung der Gemeindeordnung in der Brüdergemeinde gar keine Schwierigkeiten dar, weil ihre Gemeindeangelegenheiten schon jetzt in ziemlich gleicher Form behandelt zu werden pflegen, weil ferner das Grundbesitztum arrondiert und die örtliche Lage von der Beschaffenheit ist, dass, ohne Irrungen und Störungen besorgen zu müssen, beide Ortsgemeinden, wie bisher, auch ferner völlig getrennt voneinander bestehen können.

Beide Gemeinden stehen in demselben Verhältnisse zu einander, wie zwei andere nahe nebeneinander liegende Ortschaften und jede wünscht zur Aufrechthaltung des bisherigen guten Einvernehmens von der anderen getrennt ihre Kommunal-Angelegenheiten besorgen zu können.

Rücksichtlich der bisher in der Brüdergemeine wohnhaften Angehörigen der Ortsgemeinde, ist es bisher so gehalten worden, dass dieselben zur Letzteren vollständig gehörten und es hat dieses Verhältnis zur Zeit keinerlei Inkonvenienzen herbeigeführt, was gewiss auch künftig der Fall sein dürfte.

Bevor nun der Unterzeichnete weitere Verhandlungen einleitet, sieht derselbe vorerst anderweiter Hoher Resolution entgegen, indem er in tiefster Verehrung besteht.

Ebersdorf, den 22. Februar 1851

Anlage 6:
Schreiben der Fürstlichen Regierung an Landrat Fuchs in Ebersdorf am 6.3.1851

Nach erhaltenem Vortrage aus dem von dem Herrn Landrat Fuchs unterm 22./25. vorigen Monats anher erstatteten Berichte wollen wir in Berücksichtigung der für den Ort Ebersdorf gegebenen besonderen Verhältnisse und im Hinblick auf die besondere eigentümliche Verfassung der dortigen Brüdergemeinde von Ausführung der nach dem Gesetze erforderlichen Vereinigung der letztern mit der Ortsgemeinde daselbst in eine politische Gesamtgemeinde für jetzt, jedoch unter dem unter ausdrücklichem Vorbehalte weiterer hierauf abzuwartender Anordnungen und Maßnahmen, absehen und die vorläufige selbständige Organisation der Ortsgemeinde und deren Vorstandes im Sinne der Gemeindeordnung genehmigen. Demzufolge unterliegt auch die Einführung des von der Ortsgemeinde zu Ebersdorf gewählten neuen Gemeindevorstandes, da gegen die gewählten Persönlichkeiten ein Bedenken nicht gegeben ist, keinem weiteren Anstande und erhält daher der Herr Landrat Fuchs hiermit speziellen Auftrag, die Hiergenannten in der gewöhnlichen Weise vor versammelter Gemeinde feierlich einzuführen, zu welchem Zwecke wir ein Exemplar des Staatsgrundgesetzes behufs der Aushändigung an den neuen Bürgermeister beifügen. Vorher haben Sie jedoch der Gemeinde in Gemäßheit wegen der Einführungsverordnung zur Gemeindeordnung aufzugeben, dass sie auch vor dem Einführungstermine die nötigen Räumlichkeiten für die sichere Aufbewahrung der dem neuen Gemeindevorstande auszuhändigen Verwaltungsakten und Schriften beschaffe und nachweise, sowie auch das Fürstliche Justizamt von dem Tage der Einführung zeitig in Kenntnis zu setzen, damit dieses die einschlagenden Akten zur Auslieferung bereit halte. Über die Erledigung dieses Auftrages sehen wir Ihrer berichtlichen Anzeige entgegen und schließen wir die vorgelegten Akten wieder bei.

Gera den 6. März 1851.
Fürstlich Rreuß Plauische Regierung daselbst
gezeichnet D. Kreßner

Anlage 7:
Schreiben des Fürstlichen Ministeriums Abteilung für das Innere, gez. v Beulwitz. Vom 29.4.1871
An das Fürstliche Landratsamt in Ebersdorf
Mit Rücksicht auf die Bestimmungen des §3 des Bundesgesetzes über den Unterstützungs-Wohnsitz vom 6. Juni 1870 sehen wir einer baldigen Äußerung des Fürstlichen Landratsamtes darüber entgegen, ob in seinem Bezirk zur Zeit jede einzelne politische Gemeinde einen Ortsarmenverband bildet, oder ob mehrere Gemeinden zu einem Ortsarmenverband vereinigt sind.
In Bezug auf das Verhältnis der Ortsgemeinde Ebersdorf zur evangelischen Brüdergemeinde daselbst war vom Fürstlichen Landratsamt unter dem 22. Februar 1851 an die vormalige Fürstliche Regierung hier berichtet worden, dass mehrere Branchen der Gemeindeverwaltung, namentlich auch die Armenversorgungsangelegenheiten der eigentümlichen Verhältnisse der Brüdergemeide halber sich nicht zu einer gemeinsamen Behandlung eigneten, wobei bemerkt wurde, dass die in der Brüdergemeine wohnenden Angehörigen der Ortsgemeinde vollständig zur Letzteren gehörten. Die Fürstliche Regierung hat hierauf in Anbetracht der vorgetragenen Umstände mittels Rescripts vom 6. März 1851 genehmigt, dass unter ausdrücklichem Vorbehalt weiterer Anordnungen für jetzt von einer Vereinigung der Ortsgemeinde Ebersdorf mit der evangelischen Brüdergemeinde in eine politische Gesamtgemeinde abgesehen werde.
Wenn nun aber nach §4 des eingangs gedachten Gesetzes räumlich abgegrenzte Ortsarmenverbände noch nicht bestehen, dieselben bis zum 1. Juli dieses Jahres einzurichten sind, so macht sich auch eine vollständige räumliche Abtrennung zwischen dem Ortsarmenverband der Ortsgemeinde Ebersdorf und dem der evangelischen Brüdergemeinde notwendig und hat sich das Fürstliche Landratsamt über die Ausführung dieser Abtrennung gutachtlich zu äußern.
Gera am 29. April 1871
Fürstliches Ministerium für das Innere, gez. v. Beulwitz

Herrn Vorsteher der Brüdergemeine hier zur Äußerung vorzulegen.
Ebersdorf, den 2. Mai 1871, Fürstliches Landratsamt,

Anlage 8:

Antwort des Vorstehers der Brüdergemeine vom 13.5.1871 an das Fürstliche Landratsamt

In Folge der Zufertigung des Rescriptes des Hohen Fürstlichen Ministeriums Abteilung für das Innere vom 29. April dieses Jahres sieht sich der unterzeichnete Vorsteher der hiesigen Brüdergemeine veranlasst, folgendes ganz ergebenst zu bemerken. Die Brüdergemeine Ebersdorf ist als solche seit ihrem Entstehen ein vollständig örtlich und räumlich abgegrenzter für sich alleinstehender Gemeindeverband gewesen und hat in dieser Gestaltung die Unterstützung seiner Ortsarmen resp. derjenigen verarmten Individuen, die auf Grund der erlangten Ortsangehörigkeit im hiesiger Brüdergemeine-Ort Versorgungsberechtigung erlangt haben, den Grundsätzen der Brüdergemeine gemäß geregelt und gewährt. Als selbständiger Gemeindeverband ist nun auch die Brüdergemeine Ebersdorf veranlasst und bereit, einen räumlich abgegrenzten Ortsarmenverband im Sinne des Landesgesetzes über den Unterstützungs-Wohnsitz vom 6. Juni 1870 §4 gemäß der demnächst zu gewärtigen Ausführungsverordnung zu bilden und einzurichten. Im Weiteren erlaubt sich der Unterzeichnete noch zu bemerken, wie es im oben bezeichneten Rescript d. d .29. April a. c. auffallend erscheinen musste, dass von Seiten Hoher Fürstlicher Regierung bereits im Jahre 1851 eine Vereinigung der Ortsgemeinde Ebersdorf mit der evangelischen Brüdergemeine Ebersdorf zu einer politischen Gesamtgemeinde ins Auge gefasst, von einer solchen zwar auf Bericht des Fürstlichen Landratsamts vom 22. Februar 1851 für die Zeit abgesehen, jedoch der Vorbehalt weiterer Anordnungen gemacht worden war. Hierauf bezugnehmend bittet der Unterzeichnete ergebenst: Hoher Fürstliche Regierung die gehorsamste Vorstellung machen zu wollen, wie diesseits für jetzt und alle Fälle eine Vereinigung der

Brüdergemeine Ebersdorf, mit der Ortsgemeinde Ebersdorf, der beiderseitig vollständig anders gearteten Gesamtverhältnisse wegen, ohne die größte Benachteiligung der Brüdergemeine völlig undenkbar und unausführbar erscheinen dürfte und auch von Seiten der Ortsgemeinde eine solche schon im Jahr 1851 als unmöglich bezeichnet wurde. Die beiderseitigen Gemeinden haben von jeher nur den Namen Ebersdorf gemeinsam gehabt, welchem die näheren Bezeichnungen „Brüdergemeine" und „Ortsgemeinde" die nötige Auseinanderhaltung gewähren.

Vornehmlich aber ist die Brüdergemeine Ebersdorf durch allerhöchstens Privilegium vom 1. Juni 1761, Paragraph 8 in seiner damaligen territoriellen Gestaltung sowohl, wie in dem Umfang seiner noch ferneren Anlagen, pro redificiis et publicis fundis der Colonie, zu einem förmlichen Brüdergemein-Ort erklärt, solange sich dieselbe und dessen Einwohner zu besagter Verfassung bekennen und demselben als solchen seine besondere Gerechtsame verliehen. Seit dieser Verleihung bildet nun der Brüdergemeinde-Ort Ebersdorf einen arrondierten selbstständigen Gemeindebezirk im Sinne des Paragraphen 4 der Gemeindeordnung vom 13. Februar 1850 in gleicher Weise, wie die nachbarliche Ortsgemeinde. Zu meinem Bedauern ist in der Vorstellung des Vorstehers der Brüdergemeine vom 19. Februar 1851 unterlassen worden, auf diese Sachlage hinzuweisen, bei welcher aber die erfolgte Einreichung der evangelischen Brüdergemeine in das gemeinsame Flurbuch Ebersdorf leichtlich eine Beeinträchtigung des für sich selbst eine besondere Kommune bildenden Brüdergemeinde-Orts im Gefolge haben könnte.

Der Unterzeichnete sieht sich daher veranlasst, - da das Ergehen der einschlagenden Fürstlichen Landes- und Bundesgesetze solches zu ernötigen scheint, - an Fürstliches Landratsamt das gehorsamste Gesuch zu stellen:

> Bei Hoher Fürstlicher Regierung eine Ausscheidung des
> Territoriums der Ev. Brüdergemeine aus dem Flurbuch

„Ebersdorf" und die Aufstellung eines separaten
Flurbuchs „Ebersdorf-Brüdergemeine" geneigtest
befürworten zu wollen.
Schließlich bittet der Unterzeichnete Hohes fürstliches
Ministerium gehorsamst ersuchen zu wollen, der hiesigen
Brüdergemeine ein ihren Verfassung- und Verwaltungs-
Angelegenheiten sowie den speziell verbürgten Rechten, mit
welchen bei uns innerhalb der gesetzlichen Vorschriften die Art
und Weise der Ausführung aller ortspolizeilichen und
kommunalen Gesetze, Ordnungen und Verhältnisse in nahem
Zusammenhang steht, wie bisher hochgeneigtesten Schutz und
Wohlwollen angedeihen lassen zu wollen.
Eures Fürstlichen Landratsamtes
ergebenster Fr. Lehmann, Vorsteher der Brüdergemeine

Ebersdorf den 13. Mai 1871

Anlage 9:
**Schreiben des Gemeindevorstandes Reuschel der
Ortsgemeinde vom 16. Juli 1871**
Fürstliches Landratsamt!
Indem wir für die Gewährung unsres Fristgesuches v. 26 vor. Mts.
bestens danken, bemerken wir gehorsamst, dass wir nach
vorausgegangener Beratung mit dem Gemeinderat nunmehr in
der Lage sind, auf die geehrte Zufertigung v. 19. vor. Mts. u. 5.
dss. Mts. Mit welchen uns zwei Hohe Ministerialrescripte vom 14.
und 30 vor. Mts. Abschriftlich zugegangen sind, folgendes
erwidern zu können.
Die vormalige Fürstliche Landesregierung zu Gera hat in
mehreren Rescripten vom Jahr 1851 anerkannt und
ausgesprochen, dass nach Art. 4 der Gemeindeordnung die
beiden nun in verschiedene Verwaltungszweigen getrennten
Gemeinden zu Ebersdorf zu einer politischen Gemeinde vereinigt
werden müssten.
Auf die, unklaren Ausführungen über die Folgen dieser
Vereinigung entsprungen, ablehnende Meinung des ehemaligen
altersschwachen Ortsvorstehers – nicht der Gemeinde – wurde
zwar von der vornerwähnten Hohen Behörde in die Beibehaltung
der getrennten Verwaltung gewilligt, jedoch nur zeitweilig und mit
dem Vorbehalt später die Vereinigung der beiden Gemeinden
durchzuführen, wie dies in anderen Orten z.B. in Schleiz, welches
bis dahin auch örtlich getrennt war, geschehen ist.
Unter letzterer Voraussetzung nur konnte daher mittels des
Hohen Rescriptes von 6. Mai 1851 die Genehmigung des durch
die Person des damaligen Amtsschulzen abgegebene Erklärung
stattfinden, abgesehen davon, dass die Gemeinde darüber hätte
befragt werden müssen, nur es kann daraus die Schlussfolge
nicht gezogen werden, welche das Fürstliche Landratsamt an
deren Vorsteher der hiesigen Brüdergemeine daraus gegeben hat.
Es wurden nun zwar, durch das Bedürfnis gezwungen,
verschiedene Einrichtungen oder Abkommen getroffen, teils
schriftlich, teils stillschweigend, weil man sich aber helfen musste
wie es ging, aus deren Vorhandensein aber ebenfalls nicht
geschlossen werden kann, dass die Ortsgemeinde eine völlige

Trennung der Brüderunität von der Ortsgemeinde gutgeheißen hat. Denn es sind diese Abmachungen nur für den durch die mehrfach erwähnte Entschließung der Hohen Behörde vom 6. März 1851 herbeigeführten Zustand berechnet und nur vorübergehend, bis zur Vereinigung der Ortsgemeinde mit der Brüderunität, die nur eine Frage der Zeit sein konnte, ist und die Gemeindeordnung auch bei uns zur Geltung gebracht wird. Dass die Besitzungen der Brüdergemeine von jeher nur <u>einen</u> Orts- und Flurbezirk gebildet haben, steht außer Zweifel. Wir brauchen die Beweise hierfür nicht aus der Zeit herzuholen, als die Herrnhuter sich in Mitte des damals bereits lange vorher bestehenden Orts Ebersdorf festgesetzt haben und worüber wohl nicht ganz mit Unrecht die Einwohner ein gar großes Wehgeschrei erhoben, wie wir dies aus einem alten Aktenstück erfahren, sondern wir stützen unsre Meinung vor der Hand auf das gemeinschaftliche Flurbuch mit gemeinschaftlichen und gemeinschaftlich bezahlten Feldgeschwornen und auf das Fehlen jedes Flurgrenzsteins zwischen den vorgeblichen zwei Fluren und dem Umstand, dass die hohen Behörden niemals einen Unterschied zwischen Orts- und Brüdergemeine Ebersdorf gemacht haben wie es in Rücksicht auf Art. 37 der Gemeindeordnung dann doch so oft nötig gewesen wäre. Letzterer Punkt regt unwillkürlich zu der Frage an: In welchen Gemeindeverbund würden exakt die Beamten des Fürstlichen Landratsamtes und die Ärzte versetzt, in welchen Gemeindeverband würde der Sitz dieser Behörde verlegt worden sein? Die Expedition des F. Landratsamtes hat die vielen Jahre in dem nicht einbezirkten Residenzschlosse existiert, seit mehreren Jahren befindet sie sich leider in einem der Brüdersozietät gehörigen Hause. Die Beamten wohnen teils in dem unteren Ort, teils in Besitzungen der Brüdersozietät, und es dürften daher diese Verhältnisse nicht so aufzufassen sein, wie bezüglich der in Untermhaus, Abechnitz etc wohnenden Beamten der in Gera befindlichen Behörde. In Rücksicht auf § 65 des Gesetztes über den Unterstützungswohnsitz könnten daraus schon einige Verwicklungen entstehen.

Da zu Folge des religiösen Bekenntnisses der Brüdergemeine dieser erteilten Privilegien werden durch die gesetzlich erforderliche Vereinigung derselben mit der Ortsgemeinde umso weniger berührt, als die fortgeschrittene Landes- und Reichsgesetzgebung so manches davon in der Wirklichkeit außer Kraft gesetzt hat, womit man etwa noch in Konflikt kommen könnte, wie sie z.b. ihre eigene Gerichtsbarkeit unlängst verloren hat, welche damals noch obwaltender Verhältnisse einen Grund mit abgegeben haben mögen zu der hohen Entschließung vom 6. März 1851.

Auch in Preußen hat man in dieser Beziehung dem Fortschritt gehuldigt. Es nahmen dort, die wie hier an die betreffenden Gemeinbezirke angebauten Herrnhuter Colonien, gegenüber der politischen Gemeinde, durchaus eine Ausnahmestellung nicht ein, wie dies z.B. in Neuwied und in Neusalz der Fall ist. Während ein Nachteil für die Brüdergemeine nicht zu befürchten steht, würde eine völlige Trennung, wenn solche jetzt noch ausgesprochen werden sollte und könnte, für die Ortsgemeinde von unübersehbarem Nachteil sein. Es würde den Verlust derjenigen Steuerquellen zur Folge haben, welche wir von jeher von den Herrnhutern, die in dem dieser Genossenschaft gehörigen Gebäuden Wohnung bezogen haben, auf die wir aber immer angewiesen sind.

Ein zweiter schwieriger Punkt würde der Wegfall der zeither gemeinschaftlich bezogenen Bierverbrauchsabgabe sein. Letztere aber können wir unbedingt nicht entbehren, indem man bereits wiederholt vergeblich beratschlagt hat, wie ein derartiger Ausfall zu decken sei. Der Verlust dieser Einnahme würde aber bei einer Trennung über kurz oder lang erfolgen müssen und zwar aus folgendem Grunde: Es tut nämlich der geehrte Vorsteher der Brüdergemeine, mit welchem dasseits wegen etwaiger Vereinigungspunkte in dieser Beziehung verhandelt wurde, dem gehorsamst Unterzeichneten kategorisch erklärt, dass eine Gemeinschaftlichkeit auch in dieser Richtung aufhören müsse, zwar als Trost noch hinzugefügt, dass eine Sondererhebung stattfinden solle. Dieses letztere Versprechen – dem eine gewisse Garantie dafür zu geben, hat derselbe entschieden verweigert – ist aber bei dem Umstande, dass die Bierwirtschaften der Brüder-Sozietät auf Rechnung der Letzteren betrieben werden, illusorisch, denn da es sich dann nur um von auswärts eingesandtes Bier handeln könnte, wär es doch geradezu Unsinn, wenn sie denen eine Eingangsabgabe erheben und sich selbst besteuern wollten. Die Folge aber würde dann die sein, dass die Ortsgemeinde von der Erhebung dieser Abgabe absehen müsste, um den diesseitigen Wirten nicht die Möglichkeit zu benehmen mit den Bierwirtschaften der Brüdergemeine konkurrieren zu können..

Der Gasthof der Brüdergemeine bezieht sein Bier aus Lobenstein, daher würde diesen gegenüber auch die hiesige Brauerei von der örtlichen Produktionssteuer entbunden werden müssen.

Ein noch näheres Eingehen auf die weiteren Nachteile, welche uns erwachsen müssten, sowie auf die Konflikte hinzuweisen in polizeilicher Beziehung, welche entstehen würden, wenn das zeitherige Verhältnis durch eine völlige Trennung gestört würde und gestört werden müsste, behalten wir uns je nach Umständen vor. Nur eins wollen wir noch in Widerlegung der von dem Herrn Vorsteher der Brüdergemeine behaupteten räumlichen Abgrenzung in Erwähnung bringen. Dies ist: In der ziemlich engen Gasse vom Schlosse auf den Brüdergasthof zu, stehen einerseits das Haberkornsche, daneben an eines der Brüdersozietät anstoßend, das Hopfsche Gehöft, welche beide nicht der Brüdergemeine oder Mitgliedern derselben gehören, dem letzteren gegenüber wieder ein zur Brüdergemeine gehöriges Haus. Wem der Weg ganz oder teilweise dort zugewiesen, oder welche Grenzen innerhalb desselben zu ziehen sind, müsste eventuell noch ermittelt werden. Die Hintergebäude und der Hof des letztgenannten Gebäudes grenzen wieder unmittelbar an zur Ortsgemeinde gehörige Gebäude und zwar an die des Gasthofs zum Löwen und des ... Richter. Des letzteren Nebengebäude ist wieder an ein zur Brüdergemeine gehöriges Haus gebaut. Geht man von dort aus den der Ortsgemeinde zugeschriebenen Weg nach Waidmannsheil entlang, so stößt man linker Handauf ein zur Ortsgemeinde gehöriges Wohnhaus, daran anstoßend auf derselben Seite steht wieder ein nicht unbedeutender Gebäude Complex der Brüdergemeine, also inmitten des Besitzes der

Ortsgemeinde. Die Grundbesitzungen des Gutsbesitzers Kreiselmeier, der sogenannte Brüderhintersattel, dessen Wirtschaftsgebäude auf der rechten Seite des Weges stehen, liegen zerstreut in der Flur umher.
Der Friedhof der Brüdergemeine nebst eines daranstoßenden Grasnutzung befindet sich mitten in der Ortsflur ohne jeden Zusammenhang mit dem von der Brüdergemeine in Anspruch genommenen Territorium

In Berücksichtigung aller dieser vorerwähnten Umstände hat daher der Gemeinderat einstimmig beschlossen, die angesonnene Einwilligung in die völlige politische Trennung der Gemeinde Ebersdorf in zwei abgetrennte Gemeinden, die Ortsgemeinde und die Brüdergemeinde, zu verweigern, und im Gegenteil zu beantragen, dass die beiden Gemeindeverwaltungen auf Grund des Art. 4 der Gemeinde Ordnung vereinigt werden.
Indem wir diesen Antrag gehorsamst stellen, sind wir weit davon entfernt, und kommt es uns nicht in den Sinn, irgendwie die speziellen und ökonomischen und die sonstigen eigentümlichen Verhältnisse der Brüdergemeine in unserm Interesse alterieren zu wollen, im Gegenteil würde es der Unterzeichnete für seine Pflicht erachten, den Mitgliedern der Brüdersozietät in jeder andern Weise entgegen zu kommen, namentlich würde derselbe unter allen Umständen beflissen sein in einer kollegialischen Verwaltung eines Ortsarmenverbundes innerhalb der gesetzlichen Schranken, solche Abmachungen zu treffen, die geeignet sein dürften, jeden Nachteil auch in pekuniärer Beziehung von denselben fernzuhalten und ich bitte, diese Erklärung der Brüdergemeine vorlegen zu wollen.
Dahingegen halten wir es für unsere Pflicht, um eine Täuschung zu vermeiden, dass bei etwaiger Trennung, die diesseitige Gemeine diejenigen in der Brüdergemeinde wohnenden bisherigen Ortsangehörigen oder Nichtherrnhuter als zu unserem Kirchen- und Schulverband gehörig nicht mehr betrachten könnten, sofern nicht dieselben das seitherige Bürgerrecht nach Art. 42 der Gemeindeordnung beibehalten oder noch erwerben und in Folge dessen die vollen Kommunallasten, nicht etwa bloß in Bezug auf

Kirche und Schule, wie solches das Fürstliche Landratsamt angedeutet hat, in der abgetrennten Ortsgemeinde mittragen würden.

Schließlich spricht der gehorsamst Unterzeichnete den dringenden Wunsch aus, dass die entstandenen Differenzen zwischen den Beteiligten in Frieden ausgeglichen werden möchten, und konstatiert im Einverständnis mit dem Gemeinderat hiermit gern, dass die freundnachbarlichen Gesinnungen der Mitglieder der Brüdersozietät für die übrigen Einwohner Ebersdorfs recht sehr anerkannt und dafür von Dank durchdrungen ist, insbesondere ist es dem Verfasser gegenwärtiger Eingabe umso schmerzlicher, von dem unabweisbaren Pflichtgefühl gedrängt, in diesem beregten Punkt der Brüdergemeine entgegentreten zu müssen, als derselbe auch persönlich der Brüdergemeinde zu Dank verpflichtet ist und derselben seine volle Hochachtung nicht versagen kann.

Ebersdorf, den 16. Juli 1871
Fürstlichem Landratsamte gehorsamer Gemeindevorstand
Reuschel

Nachträglich und um der Aufforderung des Gemeinderates vollständig zu genügen, habe ich in Bezug auf die räumliche Abgrenzung noch hinzuzufügen, dass ein nach der Schönbrunner Flurgrenze zu gelegenes zum Schwesternhaus der Brüdergemeine gehöriges größeres Grundstück von 2 Seiten, allerdings von der einen Seite wieder durch die Chaussee begrenzt, eingeschlossen sind. Die auf der einen Seite dieses Grundstücks zum Kammergute gehörigen Felder, sowie der Communicationsweg nach Eliasbrunn, würde bei einer Trennung außer aller Verbindung mit der diesseitigen Flur kommen. Übrigens liegen auch noch Grundstücke hiesiger Einwohner inmitten der nicht einbezirkten Fürstlichen Besitzungen. d O.

Dem Vorstand der Brüdergemeine zur Kenntnisnahme und etwaigen Gegenäußerung vorzulegen
Ebersdorf d 18. Juli 1871
Fürstliches Landratsamt M. Fuchs

Anlage 10:

Antrag der Gemeinde Ebersdorf-Reuss (Ortsgemeinde) betreffend Vereinigung der beiden bestehenden Gemeinden Brüdergemeinde und Ortsgemeinde.

Ebersdorf-Reuss, d. 15. Febr. 1919

An das hohe Ministerium zur Gera stellt die Ortsgemeinde Ebersdorf-Reuss den Antrag, beide bestehenden Gemeinden, Orts - und Brüdergemeinde, zu einer Gemeinde vereinigen und dem Orte Ebersdorf-Reuss das Stadtrecht verleihen zu wollen.

Es seien hierfür einige Gründe aufgeführt, die eine Vereinigung beider Gemeinden als dringende Notwendigkeit rechtfertigen. Hinsichtlich der Verwaltung würde unter einem gemeinsamen Gemeindevorstand eine wesentliche Vereinfachung in der Geschäftsführung erzielt werden. Das bisher getrennte Kassenwesen, Steuerwesen, Standesamt, Polizeidienst würden eine einheitliche Regelung erfahren.

Durch die gemeinsame Wasserleitung sind beide Gemeinden schon in engere Beziehung zueinander getreten, obgleich die Verwaltung der Kassengeschäfte eine getrennte ist.

Was den Aufwand beider Gemeinden betrifft, so ist die Ortsgemeinde die einzige, die sämtliche Wege zu unterhalten hat. Die Brüdergemeinde hatte bisher keinerlei Anteil an den Ausgaben für Wegebau, obgleich von Seiten der Brüdergemeinde dieselbe Benutzung der Wege in Frage kommt.

Durch Vereinigung beider Gemeinden würde eine gute Steuereinnahme erzielt werden, und durch diese vorteilhafte Einnahme wäre der Ort in die Lage gesetzt, in weit größerem Umfange zum Wohle der Gemeinde zu wirken. Auch in Bezug auf die Lebensmittelversorgung wäre eine Vereinigung beider Gemeinden zu begrüßen, und die, durch die Lebensmittelversorgung während des Krieges entstandenen kleinen „Eifersüchtlichkeiten" beider Gemeinden würden behoben. Ein nicht zu verkennbarer Wert der Einverleibung liegt begründet in der Hebung des Fremdenverkehrs.

Was die schulischen Verhältnisse anbelangt, so wäre mit einer Einverleibung auch die Zusammenlegung beider getrennten Schulen ohne Schwierigkeit zu erreichen und durchzuführen. Die Ortsgemeinde erblickt in der Vereinigung beider Gemeinden einen großen Vorteil für beide Teile. Irgendwelche Gründe, die gegen eine Zusammenlegung sprechen würden, liegen nicht vor. Es sei noch erwähnt, dass bereits vor einer Reihe von Jahren (etwa 30 Jahren) ein gleicher Antrag von der hiesigen Ortsgemeinde gestellt wurde; eine Vereinigung beider Gemeinden scheiterte aber an dem Versprechen des damaligen Fürsten, dafür einzustehen, dass, solange das Fürstenhaus die Regierung ausübt, die Brüdergemeinde Ebersdorf als selbständige Gemeinde gelten und bestehen soll. Dieser Hinderungsgrund ist nunmehr durch die Abdankung des Reussischen Fürstenhauses aufgehoben.

(Gemeindesiegel)

Der Vizbürgermeister: Der Vorsitzende des Gemeinde-Rates:

  Gez. Rabe   gez. i.V. K. Scheidig

Die Mitglieder des Gemeinde-Rates: gez. Ernst Friedrich, gez. Emil Kästner, gez. E. Neumeister,

gez I. Hipper, gez. Paul Thomä, gez. Karl Köcher

Anlage 11:
Schreiben der Brüdergemeine an Ministerium in Gera
18. Februar 1919
Der Gemeinderat der Gemeinde Ebersdorf-Ortsgemeinde teilt der
Gemeindevertretung der Gemeinde Ebersdorf-Brüdergemeine mit,
dass er beim Ministerium in Gera einen Antrag gestellt habe
dahin gehend, das die beiden Gemeinden Ebersdorf
zusammengelegt, bezüglich einer Verwaltung unterstellt werden.
Die Gemeinde Ebersdorf-Brüdergemeine ist nicht vorher darum
begrüßt worden. Sie hat erst durch die Anzeige des Gemeinderats
Ebersdorf-Ortsgemeinde von dem bereits abgesendeten Antrag
Kenntnis erhalten. Der Ältestenrat der Brüdergemeine in
Ebersdorf erlaubt sich hierdurch gegen dieses einseitige Vorgehen
der benachbarten Gemeinde ganz energisch Protest einzulegen, da
er es als eine Vergewaltigung ansehen muss.

Der Ältestenrat der Ev. Brüdergemeine in Ebersdorf
gez. Fabricius – Vorsitzender
gez. M. Renkewitz - Mitglied des Ältestenrates

Anlage 12:

Schreiben der Brüdergemeine an das Ministerium in Gera

Ebersdorf-Br.Gem., den 18. Febr. 1919

An das Ministerium zu Gera (Reuß)

Die heute im Gasthof zur Brüdergemeine versammelten Mitglieder der politischen Gemeinde Ebersdorf - Brüdergemeinde haben davon Kenntnis genommen, dass der Gemeinderat der benachbarten Ortsgemeinde Ebersdorf, ohne vorherige Fühlungnahme mit der Gemeindevertretung der hiesigen Gemeinde bei dem Ministerium zu Gera die Vereinigung der beiden Gemeinden Ebersdorf beantragt hat .

Die Versammelten verwahren sich einmütig gegen die Vergewaltigung ihrer Interessen und legen hiermit den entschiedensten Protest gegen den Antrag der Gemeindevertretung der Ortsgemeinde Ebersdorf ein, indem Sie auf die früher schon angefochtenen, der Brüdergemeinde aber ausdrücklich bestätigten Rechte der Selbstverwaltung hinweisen. Sie erheben aber auch Anspruch auf das Recht der Selbstbestimmung, wie es auf allen Gebieten von Seiten der neuen Regierung zugestanden worden ist. Es besteht Gefahr, dass das Einvernehmen, welches bisher zwischen den beiden Gemeinden bestanden hat, durch Anwendung eines Generalaktes, wie er jetzt ganz einseitig provoziert wird, auf das ernsteste gefährdet wird .

Die Versammelten bitten dringend den Antrag der Gemeindevertretung der Ortsgemeinde Ebersdorf abzulehnen

106 Namen
danach
Der Ältestenrat
Das Schwesternhaus
Das Witwenhaus

Anlage 13:
Notiz des Landrats am 27.2.1919:
27.2.1919 habe ich mit
Herrn Bürgermeister v. Bose sowie
Herrn Kaufmann Raatz aus Ebersdorf
verhandelt:
Der Hauptgrund gegen die Vereinigung der beiden politischen
Gemeinden Ebersdorf ist von altersher unfreundliche, feindliche
Stimmung der Bevölkerung der Ortsgemeinde gegen die
Brüdergemeine. Bei dem zahlenmäßigen Übergewicht der
Ortsgemeinde werde diese feindselige Stimmung zu einer
Zurücksetzung der jetztigen Brüdergemeinde in der zu bildenden
Gesamtgemeinde führen.
Ich machte die Herren darauf aufmerksam, dass dieser Grund
bei den gegenwärtigen politischen Verhältnissen kaum als
durchschlagend sich bewähren werde, dass im Gegenteil der
Antrag der Ortsgemeinde auf Vereinigung der beiden Gemeinden
viel Aussicht auf Erfolg habe. Es sei daher klüger, die
Brüdergemeinde erkläre sich grundsätzlich mit der Vereinigung
einverstanden, bringe aber zur Abwendung des von ihr
befürchteten Nachteils der Vereinigung sowie zur Wahrung ihrer
besonderen wirtschaftlichen und kirchlichen Interessen einen
Eingemeindungsvertrag in Vorschlag. Herr von Bose will in diesem
Sinne mit seinem Gemeinderat verhandeln und darüber
berichten.
nachrichtlich gez. Plessing.

Anlage 14:
Schreiben des Vorstehers der Brüdergemeine an den Landrat vom 9.Mai 1919

Ebersdorf-Br.Gem, den 9. Mai 1919.
An Landratsamt Schleiz

Unter höflicher Bezugnahme auf die persönliche Unterredung mit Herrn Geheimrat Plessing teile ich ergebenst damit, dass ich die Absicht desselben, in Sachen der Einverleibung der Brüdergemeinde zur Orts-Gemeinde Ebersdorf, eine gemeinsame Gemeinderatssitzung herbeizuführen, dem hiesigen Gemeinderat in seiner gestrigen Sitzung vorgetragen habe. In ausführlicher Beratung sind alle gegen die Einverleibung geltend gemachten Bedenken sachlich nochmals erwogen worden, nachdem ich den vollzählig erschienenen Gemeinderatsmitglieder (Gäste waren nicht zugegen) zur Pflicht gemacht hatte, über die Ansicht der Einzelnen Schweigen zu bewahren, damit jeder auch frei und offen reden konnte. Hiernach war die Stimmung eine ablehnende und sie wird es auch bleiben, mag kommen, was da wolle. Einstimmig wurde ich aber ersucht, Herrn Geheimrat Plessing zu bitten, von der Veranstaltung einer gemeinschaftlichen Sitzung beider Gemeinden abzusehen, da in einer solchen die hiesigen Gemeinderatsmitglieder als Geschäftsleute etc. befangen, nicht in der Lage wären, ihren ablehnenden Standpunkt zum Ausdruck zu bringen. Ja es wurde sogar von einem Gemeindemitglied erzählt, dass ihn mit Entziehung von Arbeit gedroht worden wäre, wenn er sich weiter ablehnend verhielte. Ein „Nachgeben" seitens Einzelner in der hiesigen Gemeinde beruht auf derartigen Gewaltakten gewisser Leute in der Ortsgemeinde, besteht aber in Wirklichkeit nicht. Wir ersuchen daher um wohlwollende Beurteilung unserer Ausführungen und bitten erneut, zu berücksichtigen, dass der § 4 der Gemeindeordnung für die hiesige Gemeinde in keiner Weise zutrifft, auf den sich das Ministerium bezieht. Die örtliche Verbundenheit der Gemeinden ergibt nicht die geringste Schwierigkeit, da der Flurbesitz der Gemeinden nicht ineinander übergreift. Und selbst wenn einer der drei Punkte des § 4 als für die hiesigen Verhältnisse zutreffend erachtet würde, so berufen wir uns auf den in diesem § 4 angeführten Weg, der diese Schwierigkeit durch Gründung eines Gemeindeverbands behoben werden kann, ohne dass eine Eingemeindung, bzw. Einverleibung stattzufinden braucht, die zu dauernden Reibereien und Beschwerden führen muss.

Die vom Herrn Geheimrath mehrfach angeführten Zweckmäßigkeitsgründe können hier nicht eingesehen werden, weil der Frage kommende künftige Verwaltungsapparat nicht kleiner, aber wesentlich teurer werden würde.
 von Bose

Anlage 15:
Brief des Ortsvorstehers der Brüdergemeine von Bose an das Landratsamt vom April 1919

Ebersdorf-Reuss, am ... April 1919.

An das Landratsamt in Schleiz.

Die Ortsgemeinde Ebersdorf hat Mitte Februar 1919 einen Antrag an das Ministerium in Gera dahin gerichtet, beide Gemeinden, - Orts- und Brüdergemeinde Ebersdorf - zu einer Gemeinde zu vereinigen und dem so vereinigten Orte Ebersdorf-Reuss das Stadtrecht zu verleihen.

Gegen diesen Antrag gestattet sich die Gemeindeversammlung der Brüdergemeinde Ebersdorf folgendes auszuführen:

Im Jahre 1733 siedelte sich die Brüdergemeinde innerhalb der Ortsgemeinde an, und erwarb dort Grundbesitz. Noch heute sind bei der Kirche der Ortsgemeinde Grundstücke zu sehen, welche damals Mitgliedern der Brüdergemeinde innerhalb der Ortsgemeinde gehörten. Im Laufe der Jahre mag sich dieses Verhältnis als unzuträglich erwiesen haben. Der frühere Bürgermeister der Ortsgemeinde Herr Reuschel, erwähnt in einem Schreiben vom 18.7.71 an das Fürstliche Landratsamt ein altes Aktenstück, aus dem hervorgehen soll, dass die Einwohnerschaft der Ortsgemeinde über den Zuzug von Mitgliedern der Brüderkirche ein „gar großes Wehgeschrei" erhoben hätten. Darum wurde bald eine Trennung beider Gemeinden eingeführt. Im Jahre 1838 versuchte die Landesdirektion gemeinsam mit der Unitätsdirektion in Herrnhut und dem Vorsteher Zwick in Ebersdorf die besondere Verfassung der Brüdergemeinde in das allgemeine Landesgesetz einzuordnen. Den Grund zu diesen Verhandlungen bildeten eben auch Unzuträglichkeiten zwischen der Brüdergemeinde und der Ortsgemeinde.

Das Jahr 1851 brachte eine neue Gemeindeordnung. Die Fürstlich-Reuss-Plauensche Regierung befürwortet in einem Brief vom 29. Januar 1851 die Zusammenlegung beider Gemeinden. Unter dem 19. und 21. Februar 1851 wandten sich beide Gemeinden in einem Antwortschreiben an den Landrat in Ebersdorf, und sprachen sich entschieden gegen eine Zusammenlegung aus. Damals schrieb gerade die Ortsgemeinde ausdrücklich, dass beiden Gemeinden nur der Name Ebersdorf, sonst aber nichts gemeinschaftlich sein. Auch das Landratsamt war damals gegen eine Zusammenlegung, wie aus seinem Bericht vom 22. Februar 1851 an die Fürstliche Regierung hervorgeht. Es wurde damals schon darauf hingewiesen, dass bei einer Zusammenlegung die Brüdergemeinde in der Minderzahl sein würde und dass ihre wirtschaftlichen und kirchlichen Sonderrechte dadurch zurückgesetzt würden.

Im Jahre 1871 sprach sich die Ortsgemeinde entgegen ihrer bisherigen Auffassung für eine Einverleibung aus. An diesen Vorgang denkt offenbar die Antragstellerin, wenn sie jetzt schreibt, dass vor etwa 30 Jahren ein gleicher Antrag von der Ortsgemeinde gestellt worden sei. Aber auch in diesem Falle sprach sich die Brüdergemeinde gegen die Zusammenlegung aus und der Landrat stand auch diesmal auf der Seite der Brüdergemeinde.

Dieser geschichtlichen Rückblick zeigt, dass im Laufe der Jahre bei den verschiedensten Gelegenheiten versucht worden ist, beide Gemeinden zu vereinigen, dass man aber an den maßgebenden Stellen die Undurchführbarkeit des Planes erkannt und die Trennung beibehalten hat. Es wurde nach und nach alles getrennt, was getrennt werden konnte, und alles gemeinsame wurde beseitigt, was etwa dazu hätte beitragen können, um Streitigkeiten zwischen beiden Gemeinden zu verursachen.

Die Brüdergemeinde hat ihre eigenen Feldgeschworenen, auch ihr eigenes Flurbuch erhalten. Das einzige, was gemeinsam ist, ist die seit etwa zehn Jahren bestehende Wasserleitung. Dieses einzige

Bindeglied der Gemeinden hat leider schon zu vielen Reibereien Anlass gegeben, und es erscheint nach solchen Erfahrungen wirklich nicht wünschenswert, an eine weitere Vereinigung der Gemeinden zu denken. Eine dauernde Missgunst und ein ewiger Streit würden die Folge sein, der für die Beteiligten nicht weniger unangenehm wäre als für die Aufsichtsbehörde.

Im Einzelnen lässt sich gegen den Zusammenlegungsantrag der Ortsgemeinde Ebersdorf noch folgendes anführen:

Für die Aufsichtsbehörde ist die Geschäftsführung die gleiche, ob die beiden Gemeinden zusammengelegt sind oder nicht. Rundschreiben an die Gemeinden des Bezirkes werden erfahrungsgemäß vervielfältigt, und es spielt keine Rolle, ob ein Abzug mehr oder weniger hergestellt wird. Einzelanträge, z.B. Passfragen und dergleichen müssen besonders beantwortet werden ohne Rücksicht auf die Zugehörigkeit des Gesuchstellers in einer kleineren oder größeren Gemeinde. Jetzt werden die Gemeindeämter nebenamtlich mit nur sehr geringem Kostenaufwand verwaltet. Nachher müsste wenigstens ein berufsmäßiger Bürgermeister mit auskömmlichem Gehalt angestellt werden und zahlreiche Personen aus den bisherigen Verwaltungen würden benachteiligt und müssten entschädigt werden. Es müssten in Zukunft vermutlich auch zwei Polizeidiener wie bisher gehalten werden. Der Kostenaufwand würde bei einer Zusammenlegung nicht geringer, sondern viel höher werden. Die Gemeindeversammlung glaubt bei dieser Sachlage nicht, dass das hohe Ministerium dem offenbar nicht wohlerwogenen Antrage der Ortsgemeinde entsprechen wird. Unverständlich ist, wie es diese Gemeinde noch dazu wagen kann, um Verleihung des Stadtrechtes zu bitten, das doch der geringen Einwohnerzahl nicht entspricht und dessen Kosten ein nicht zu rechtfertigende Luxusaufwand sein würden.

Bei der Wegeunterhaltung war die Brüdergemeinde bisher dauernd im Nachteil. Die Ortsgemeinde hat 2400 m, die Brüdergemeinde 300 m Weg zu unterhalten. Dafür hat in den

Jahren 1906 bis 1913 die Ortsgemeinde 4390,17 Mark, die Brüdergemeinde 1865,94 Mark aufgewendet. Der einzige Weg welcher von der Brüdergemeinde häufiger begangen, aber von der Ortsgemeinde unterhalten wird, zweigt von der Staatsstraße nach Schleiz ab und reicht bis zur Flurgrenze von Remptendorf oder bis zur Staatsgrenze von Reuß ältere Linie und misst etwa 300 bis 400 m. Den Weg aber, an dem die Brüdergemeinde ein wirkliches Interesse hat und den die Ortsgemeinde unterhalten soll, - den Weg nach dem Wald und nach dem Gottesacker der Brüdergemeine - unterhält die Ortsgemeinde absichtlich nicht. Es ist ihr offensichtlich unwesentlich. Sie baut dafür den Kommunikationsweg von der Schaller'schen Mühle nach der Lobenstein - Frössener Chaussee anteilig aus. Nur die Bäume am Gottesackerweg hat die Ortsgemeinde abgeschlagen und für sich verwendet. Dieser Streitpunkt würde anstatt durch eine Zusammenlegung der Gemeinden besser dadurch beseitigt, dass die Ortsgemeinde aufgrund einer Vereinbarung den Weg hergebe und die Brüdergemeine ihn unterhielte. Die Wege nach Friesau und Zoppoten benutzen die Einwohner dieser Gemeinden häufiger, als die der Brüdergemeinde.

Die Ortsgemeinde missgönnt der Brüdergemeinde schon längst die niedrigen Gemeindesteuern. Der Unterschied wird in Zukunft voraussichtlich mehr als ausgeglichen, wenn das Fürstenhaus der unteren Gemeinde hinzugerechnet wird.

Die Frage der Lebensmittelversorgung ist vorübergehend. Sie kann bei einer dauernden Zusammenlegung zweier Gemeinden nicht mit berücksichtigt werden. Die Bezirksverteilungsstelle Schleiz hatte im Kriege und bis dato eine ihrer Unterverteilungsstellen bei der Firma Göttling in der Brüdergemeinde. Diese Firma erhielt Lebensmittel für mehrere Ortschaften zugewiesen, also scheinbar oft viel mehr als die Ortsgemeinde für sich allein erhalten haben mag. Es ist aber der Ortsgemeinde darin völlig recht zu geben, dass bei ihr die Lebensmittelverteilung viel schlechter war, als in der Brüdergemeine. Daran trägt aber letztere jedenfalls keine Schuld.

Für den Fremdenverkehr sind beide Gemeinden Ebersdorf und Schönbrunn zusammengeschlossen. Aus den drei Ortschaften setzt sich ein Kurverein zusammen und es ist für sie ein gemeinsames Fremdenmeldeamt mit eigener Lebensmittelkarten-Ausgabestelle geplant. Es dürfte nicht ein einziger Fremder mehr nach hier kommen nur deshalb, weil beide Gemeinden Ebersdorf zu einer Gemeinde noch dazu mit Stadtrecht vereinigt wären! Mit genau dem gleichen Rechte könnte dann die Ortsgemeinde Ebersdorf auch den Anschluss des Teiles von Schönbrunn fordern, der an der Ebersdorf-Lobensteiner Straße liegt und bis Bellevue und Gärtner Härtel reicht. Schönbrunn würde gegen solchen Vorschlag wahrscheinlich ganz energisch protestieren.

Die Schulfrage muss aus der Erörterung solange ausgeschaltet werden, als Privatschulen gesetzlich zugelassen sind.

Die Gemeindeversammlung empfindet es als einen unfreundlichen Akt der Ortsgemeinde, dass diese ihren Antrag so geheimnisvoll an das Ministerium gerichtet und die Brüdergemeinde erst vor die vollendete Tatsache gestellt hat. Der Weg gegenseitiger Verhandlung wäre hier sehr angebracht gewesen, zumal die Vertretung der Ortsgemeinde genau weiß, welche einschneidende Bedeutung eine Zusammenlegung der Gemeinden für die Brüdergemeinde haben würde.

In allen Herrnhuter Kolonien Deutschlands besteht ein nicht lösbarer Zusammenhang zwischen der Vertretung der politischen und der kirchlichen Gemeinde. In allen Kolonien sorgt die politische Gemeinde gleichzeitig für die Unantastbarkeit des Kirchenbesitzstandes und der kirchlichen Einrichtungen, insbesondere für freie Abhaltung der Gottesdienste in der hergebrachten Form, für ungestörte Aufrechterhaltung kirchlicher Sitten und Gebräuche, für die Jugendpflege in den Privatschulen, in Knabenerziehungsanstalten und Töchterheimen, für Erhaltung von Diakonissenstationen und anderes mehr. Für solche der Allgemeinheit dienende Einrichtungen hat in der Brüdergemeinde Ebersdorf jederzeit die eigene Ortsbehörde gesorgt. Sie hat ein eigenes Vermögen gebildet und hat eine eigene Feuerwehr zum Schutze der hohen Gebäude der Brüdergemeinde eingerichtet. Das alles war Grund genug, dass eine weise Regierung im Laufe von Jahrhunderten eine Zusammenlegung beider Gemeinden immer wieder von der Hand wies. Sie erkannte offenbar, dass die Brüdergemeine Ebersdorf und die obere politische Gemeinde untrennbar zusammengehören und das eine Vereinigung der beiden politischen Gemeinden wegen der Brüdergemeine nicht denkbar sei.

Wir sind überzeugt und hoffen zuversichtlich, dass die vorstehenden, nur auf Tatsachen begründeten Ausführungen dazu beitragen werden, auch unsere hohe wohlwollende gegenwärtige Regierung zu dem Entschlüsse zu bringen,

dass eine Zusammenlegung beider Gemeinden Ebersdorf zurzeit noch nicht angebracht ist, und dass deshalb der eine Zusammenlegung erstrebende Antrag der Ortsgemeinde zurückzuweisen ist.

Darum bitten nach reiflicher Erwägung erneut
In größter Ehrerbietung

von Bose

Anlage 16:

Schreiben des Ortsvorstehers der Brüdergemeine an den Landrat vom 17.Mai 1919

Ebersdorf-BG, den 17. Mai 1919

An das Landratsamt Schleiz.

Pflichtgemäß sind die Gemeinderats-Mitglieder zur der auf den 22. Mai anberaumten Einverleibungssitzung beider Gemeinderäte eingeladen worden. Ich bemerke aber wiederholt, dass dieselben gebeten hatten, von einer derartigen Sitzung absehen zu wollen, weil eine freie Meinungsäußerung da nicht möglich sei. Die Beteiligung an dieser Sitzung durfte daher eine verhältnismäßig schwache, vielleicht auch ungenügende sein, zumal Herr Apotheker Martin tagsüber unabkömmlich ist und Herr Dr. Saling, der augenblicklich verreist ist, in allernächster Zeit wegen Wegzugs aus dem Gemeinderat ausscheidet (wohl binnen 8 Tagen etwa). - Ich wiederhole, dass die Stimmung der Gemeinde gegen die Einverleibung ist, und ebenso ist es mir auch bekannt, dass die Stimmung in der Ortsgemeinde durchaus nicht einheitlich dafür ist. - Da außerdem auch die Reichsregierung gegen die zwangsweise Lösung solcher Fragen zu sein scheint, die nur zur Vermehrung von Gegensätzen im Volk führen müssen und für die ausschlaggebende Gründe nicht beigebracht werden können, so möchte ich nochmals dringend darum ersuchen, die Entscheidung bis zum Eintritt normaler Verhältnisse zu verschieben und bis zum Inkrafttreten der offenbar beabsichtigten reichsgesetzlichen Regelung. Weitergehende Proteste sind sonst ganz sicher zu gewärtigen; denn durch Kompromisse können die offenbaren Nachteile, die die hiesige Gemeinde erleidet, höchstens gemildert, aber nicht aufgehoben werden. Sie werden daher zweckmäßig erst dann geschlossen werden, wenn gegen die Erhaltung der Selbständigkeit der Gemeinde entschieden werden sollte.

von Bose

Anlage 17:

Reußische Landeszeitung zur gemeinsamen Sitzung beider Gemeinderäte

Ebersdorf. Unter dem Vorsitz des Geh. Regierungs-rates Landrat Pleßing fand am Mittwoch vormittag mit beiden Gemeinderäten der Orts- u. Brüdergemeine eine Verhandlung hinsichtlich der Zusammenlegung der Gemeinden statt. Zweck der Verhandlung war, auf gütlichem Wege zu versuchen, beide Gemeinden mit einander zu vereinigen, nachdem Herr Landrat Pleßing die Sachlage näher erörtert und sich für eine Vereinigung aussprach. Eine Einigung konnte aber, wie die Aussprache ergab, nicht erzielt werden, zudem waren auch nur von Seiten der Brüdergemeine der Vorsteher und der Vors. des Gemeinderats zugegen. Man nahm einen von Vertretern der Ortsgemeinde gestellten Antrag an, durch eine von beiden Gemeinden zu bildende Kommission nochmals die gesamte Sachlage zu prüfen, und nach reiflicher Beratung zu erwägen, ob nicht auf diesem Wege die Herbeiführung einer Verständigung möglich sei, was natürlich für beide Teile der beste Ausweg wäre. Sollte in Kürze keine Verständigung herbeigeführt werden, dann wird sich der Bezirksrat mit dieser Angelegenheit zu befassen haben.

79

Anlage 18:
Zeitungsbericht über die Gemeinderatssitzung zur Wasserversorgung

Ebersdorf. In gemeinsamer Sitzung beschlossen beiden Gemeinderäte der Orts- und Brüdergemeinde, die Wasserleitungsanlage durch Anlage eines Schachtbrunnens mit eventueller Bohrung weiterzubauen, um dem übelsten Notstand, dem Wassermangel, abzuhelfen. Durch Hinzuziehen von Sachverständigen wurde das gesamte Quellengebiet mittels Wünschelrutenversuch einer eingehender Prüfung unterzogen, deren Ergebnis jedoch wiederum

die schon wiederholt gemachten Erfahrungen bestätigte, daß die Quellen der hiesigen Wasserleitung mehr als äußerst gering sind u. in der Hauptsache nur Tagwasser in Frage kommt. Von einer Erweiterung dieser Quellenanlage mußte, nachdem schon wiederholt erneute Versuche für eine ergiebigere Wasserlieferung gemacht worden waren, selbstverständlich Abstand genommen werden, um nicht unnütze Kosten zu verursachen. Durch den bekannten Wünschelrutengänger Döll, Gotha, (Firma Döll, fachmännischer Bau von Wasseranlagen) wurde die gesamte Umgebung des Ortes auf Wasser nachgeprüft — (auch auf dem Schützenplatz und im Sohliggrund), — bis sich eine starke Wasserader im Hofe und Garten des Schwesternhauses fand. An dieser Stelle sollen nun zunächst die Vorbereitungsarbeiten in aller Kürze beginnen und zwar die Anlage eines Schachtbrunnens mit eventueller Weiterbohrung. Gegebenenfalls würde dann das gewonnene Wasser durch elektrische Pumpvorrichtung in den Hochbehälter gedrückt werden. Die Ausführung der gesamten Arbeiten wurden der Firma Döll, Gotha, übertragen, die Anlage des Schachtbrunnens dem Schachtmeister Weigelt. Zur eingehenden Prüfung der Untergrundverhältnisse und Feststellung der Wassermengen soll nach Fertigstellung des Schachtbrunnens Ing. Herzner, Plauen, zur Begutachtung g

Anlage 19:
Vertrag über die Vereinigung der Ortsgemeinde und der Brüdergemeinde Ebersdorf zu einer einzigen Gemeinde.

§1

Die Ortsgemeinde und die Brüdergemeinde Ebersdorf werden mit Wirkung vom 1. April 1920 zu einer einzigen Gemeinde mit dem Namen Ebersdorf vereinigt.

§2

Mit dem 1. April 1920 gehen alle Rechte und Pflichten der Ortsgemeinde auf die neue Gemeinde über.

§3

Die neue Gemeinde hat den Weg, der von der Hauptstraße der Brüdergemeinde abzweigt und an dem Gottesacker und dem Pohlichwald vorüber nach der Straße Ortsgemeinde Neuhammer führt, in zwei Abschnitten straßenmäßig auszubauen und zwar die Strecke Hauptstraße bis Pohlichwald bis spätestens Ende 1920, der Rest bis spätestens Ende 1921.

§4

Die Löschgeräte, die jetzt der Brüdergemeinde gehören, und diejenigen, die künftig als Ersatz dafür angeschafft werden, sind in dem Bezirk der jetzigen Brüdergemeinde unterzubringen.

§5

Sämtliche Bekanntmachungen der neuen Gemeinde sind auch durch Anschlag am Ortsbrett des Gemeinhauses der Brüdergemeine zu veröffentlichen.

§6

Die Zinsen der Legate, die die am 3. Juli 1914 verstorbene Franziska Ida Stiehler der Orts- und der Brüdergemeinde in Höhe von je 3000 M zugewendet hat, sind vom 1. April 1920 an von dem Bürgermeister der neuen Gemeinde in Gemeinschaft mit dem ersten Ortsgeistlichen und dem Geistlichen der Brüdergemeinde zu verteilen.

§7

Der Gemeinderat der neuen Gemeinde ist unverzüglich zu wählen, nachdem die Landesregierung die Vereinigung der beiden Gemeinden genehmigt hat. Zum Wahlkommissar ist der Vorstand der Brüdergemeinde, Herr Bürgermeister von Bose, durch das Los bestimmt.

§8

Der Vorsitzende des Bezirksverbands Schleiz beruft die erste Sitzung des Gemeinderats der neuen Gemeinde unverzüglich nach dessen Wahl und nimmt in ihr die Mitglieder in Pflicht. Der Gemeinderat hat den Vorstand der neuen Gemeinde und seinen Vertreter unverzüglich zu wählen.

§9

Die in der Orts- und der Brüdergemeinde bestehenden Ortsgesetze und Verordnungen behalten Gültigkeit in den Teilen der Gemeinde, in denen sie bisher galten, bis sie außer Kraft gesetzt werden. Die Gemeinderatsmitglieder der neuen Gemeinde haben sofort nach ihrer Wahl mit den Gemeindevorständen der beiden Einzelgemeinden die Ortsgesetze und Verordnungen, die für die neue Gemeinde erforderlich sind, unverbindlich zu besprechen und so vorzubereiten, dass über sie alsbald nach dem 1. April 1920 ein Beschluss des neuen Gemeinderats gefasst werden kann.

§10

Es besteht Übereinstimmung darüber, dass unter „Brüdergemeinde" im Sinne dieses Vertrags lediglich die politische, nicht auch die kirchliche Gemeinde zu verstehen ist. Der Besitzstand der letzteren und ihre kirchlichen Einrichtungen,

Sitten und Gebräuche, insbesondere die Privatschule, die Diakonissenstation u.s.w. werden durch diesen Vertrag nicht berührt.

Die neue Gemeinde zahlt zur Unterhaltung der genannten Diakonissenstation eine jährliche Beihilfe von mindestens 150 M.

Ebersdorf, den 3. Februar 1920.

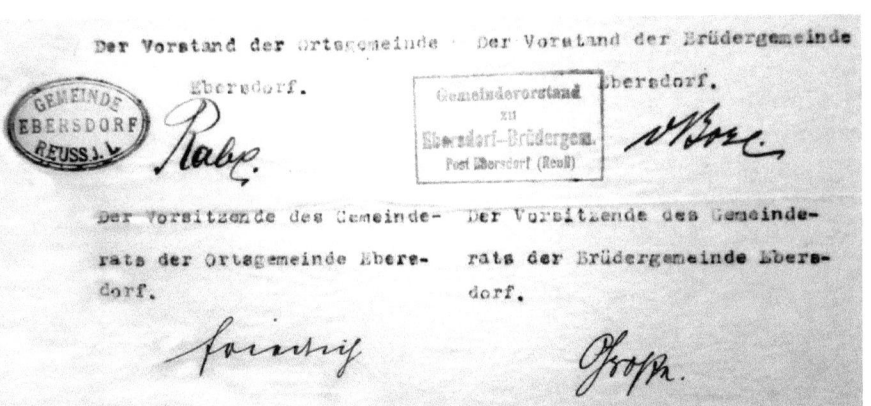

Anlage 20: Zeitungsbericht Beschluss über Wahl des
Gemeinderates vor der Zusammenlegung

Ebersdorf-R. Sitzung der beiden Gemeinderäte der Orts- und Brüdergemeinde. 1. Nach Eröffnung der Sitzung gab der Gem.-Vorf. der Ortsgemeinde eine Zuschrift der Firma Döll bekannt, worin sich diese bereit erklärt, nach Fertigstellung der Aufräumungsarbeiten die Sprengung vorzunehmen, eventuell auch die Aufräumungsarbeiten zu übernehmen. Man beschließt, daß die Gemeinden die Aufräumungsarbeiten selbst übernehmen. Der Schacht soll versteift werden. Die Arbeiten sind sofort in Angriff zu nehmen. Die Sprengung wird durch die Fa. Döll ausgeführt. 2. Nach Bekanntgabe einer Zuschrift des Bezirksverbandes wird ein Ausschuß gewählt, bestehend aus den Herren Bürgermeister Rabe, Vorsteher v. Bose, Schlossermstr. Wagner und Lehrer Friedrich, der die Aufgabe hat, zwecks Zusammenschluß mit den in Frage kommenden Gemeinden in Sachen der Elektrizitätsversorgung, zu einer Interessenvertretung. 3. Es soll beantragt werden, daß die Wahl eines gemeinsamen Gemeinderats vor Zusammenlegung der Gemeinden, die am 1. April 1920 erfolgt, stattfindet. Die beiden Gemeinderatsvorf. werden beauftragt, mit dem Bezirksverbandsvorf. darüber zu verhandeln. 4. Es wird beschlossen, zu beantragen, daß das Standesamt der Brüdergemeinde mit demjenigen der Ortsgemeinde mit dem 1. Januar 1920 zusammengelegt wird. 5. Einem Gesuch von P. Kreiseimeier um Ueberdeckung des Grabens vor seinem Hause wird stattgegeben; die Angelegenheit wird dem Bauausschuß überwiesen. Schluß der Sitzung 10 Uhr abends.

Ebersdorf. Aus der Gefangenschaft ist nach zweijähriger Internierung in Aegypten Herr Anton Thiesen, Gouvernements-Sekr. in Deutsch-Ostafrika, zurückgekehrt. Im Auftrag des Volksbundes für deutsche Kriegs- und Zivilgefangenen wurde dem Zurückgekehrten als Willkommengruß ein Gedenkblatt zur Erinnerung an den Tag der Heimkehr und die vom Volksbund für die Gruppe Schleiz festgesetzte Ehrengabe übermittelt. Herzlich willkommen in der Heimat!

Anlage 21:
Reußische Landeszeitung Bericht über Wahlversammlung für
beide Gemeinden

ð **Ebersdorf.** Am Sonntag Abend war in der Krone
zu einer Wählerversammlung eingeladen worden. Der Ein-
berufer, Postverwalter Große, eröffnete die gut besuchte Versammlung unter Hinweis auf den Zweck derselben. Wegen
Verschmelzung der Orts- und Brüdergemeinde zu einer Gemeinde, die am 1. April 1920 erfolgen wird, muß ein neuer
Gemeinderat gewählt werden. Nach einem Uebereinkommen,
das beide Gemeinden getroffen haben, entfallen je nach der
Einwohnerzahl 6 Sitze des Gemeir ats auf die Ortsgemeinde und 4 Sitze auf die Brüdergemeinde. Postverwalter
Große gab nach einleitenden Erläuterungen einen gemeinsamen
Wahlvorschlag bekannt, der von einem aus allen Berufs-
ständen bestehenden Ausschuß aufgestellt war, und stellte diesen
gemeinsamen Wahlvorschlag zur Aussprache. Lehrer Friedrich
wies auf die Grundsätze hin, die man bei Aufstellung dieses
gemeinsamen Wahlvorschlages beachtet hatte und gab dem
Wunsche Ausdruck, daß man sich auf diesen gemeinsamen
Wahlvorschlag einigen möchte zur Vermeidung eines Wahl-
kampfes und zur Stärkung der Einmütigkeit und der Zusammengehörigkeit beider Gemeinden. Prediger Williger der
Brüdergemeinde sprach in gleichem Sinne und begrüßte diese
Stellungnahme des Vorredners unter Dankesworten. Auf
Vorschlag wurde zu einer geheimen Abstimmung über den
Einigungsvorschlag geschritten, die 97 Stimmen dafür abgab.
4 Zettel waren unbeschrieben und 15 Zettel waren infolge
neu gemachter Vorschläge zersplittert. Der Versuch, eine
Einigung auf Veranlassung des B rsteþers der Brüdergemeinde noch herbeizuführen, scheiterte. Ein kleiner Teil der
Wählerversammlung beharrte auf Aufstellung von Gegenlisten.
Es ist zu bedauern, daß eine Einigung nicht erzielt werden
konnte. Die Vorarbeiten und die einberufene Wählerversammlung waren leider völlig zwecklos, und um eine Wahl
wird man leider nicht herumkommen. Daß dadurch dem
Gedanken einer inneren Verschmelzung beider Gemeinden
von gewisser Seite entgegen gearbeitet wird, ist leider be-
klagenswert.
ð Wurzbach

Anlage 22:
Verpflichtung der neuen Gemeinderatsmitglieder

Ebersdorf. Am Dienstag nachmittag fand durch den Bezirksverbandvorsitzenden Herrn Landrat Dr. Lenz die Verpflichtung des neuen Gemeinderats statt. Die so frühzeitig vorgenommene Verpflichtung der neuen Gemeinderatsmitglieder konnte deshalb erfolgen, da kein weiterer Wahlvorschlag innerhalb der festgesetzten Zeit eingegangen war und mithin die auf dem vereinigten Wahlvorschlag stehenden Kandidaten ohne Wahl als gewählt galten. Landrat Dr. Lenz wies in der Eröffnungsansprache auf die Bedeutung des bevorstehenden Zusammenschlusses beider Gemeinden hin und gab dem Wunsche Ausdruck, daß ein ersprießliches Ganze aus den bisher getrennten Gemeinden entstehen möge. Gleichzeitig dankte er im Namen des Bezirksverbandes den beiden Gemeindevorständen für ihre umsichtige Tätigkeit. Zum Vorsitzenden des neuen Gemeinderats wurde Posto. Große, zu dessen Stellvertreter Lehrer Friedrich gewählt. Die Wahl des Schriftführers fiel auf den bisherigen Gemeindeschriftführer Kaufmann Haberkorn. Es ist nur zu begrüßen, daß die Verpflichtung des neuen Gemeinderats schon vorgenommen werden konnte, denn durch die frühzeitige Einführung der neuen Gemeinderatsmitglieder wird genügend Raum und Zeit gewonnen, um alle die schwebenden Fragen und Aufgaben, Wahl eines Bürgermeisters, Beratung der Ortsgesetze pp., vorzubereiten. Der neue Gemeinderat wird seine Tätigkeit sofort aufnehmen.

Anlage 23:
Genehmigung der Landesregierung, Bekanntmachung durch den Landrat

Bekanntmachung.

Die Landesregierung des Volksstaates Reuß hat die Vereinigung der Ortsgemeinde und der Brüdergemeinde Ebersdorf zu einer einzigen Gemeinde mit dem Namen **Ebersdorf** mit Wirkung vom 1. April 1920 ab genehmigt.

Schleiz, am 23. März 1920.

Der Vorsitzende des Bezirksverbandes

Dr. Lenz.

Aus den beiden Reuß.

Lobenstein, den 25. März 1920

** Der Artur Wenzel-Abend heute abend im „Alten Turm" kann leider nicht stattfinden, da es dem Künstler nicht möglich war, eine Fahrkarte nach Thüringen zu bekommen. Die Vorstellung muß also wegen der politischen Schwierigkeiten verschoben werden. Die gelösten Karten behalten bis 15. April ihre Gültigkeit.

Ebersdorf. Die Vereinigung der Orts- und Brüdergemeinde zu einer Gemeinde ist von der Landesregierung genehmigt. Die Vereinigung tritt am 1. April bfs. Js. in Kraft. Die Gemeinde führt fortan nur noch den Namen Ebersdorf. Möge die Vereinigung unseren Orte zu kräftigem Blühen und Gedeihen führen und der Einwohnerschaft zum Segen gereichen.

Anlage 24:
Einschränkung des Fremdenverkehrs

Einschränkung des Fremdenverkehrs in Thüringen. Die angekündigte Verordnung über den Fremdenverkehr ist nunmehr erschienen. Mit sofortiger Wirksamkeit hat der Präsident des Ernährungsamtes der Thüringischen Staaten verfügt, daß der Aufenthalt, die Beherbergung und der Zuzug ortsfremder Personen in Heilbädern, Kurorten und Erholungsplätzen sowie in Gemeinden, die weniger als 6000 Einwohner zählen, grundsätzlich untersagt wird. Als Ortsfremde gelten nicht solche Personen, die in dem Orte Grundbesitz haben, auch wenn sie dort nicht wohnen, sowie solche Personen, die in dem Orte eine ständige Wohnung haben. Ausnahmen von diesen Vorschriften greifen Platz: a) Für Personen, deren Aufenthalt nach Zeugnis des Amtsarztes ihres Wohnsitzes durch eine gesundheitliche Notwendigkeit bedingt ist. Das Zeugnis hat die für erforderlich gehaltene Kurzeit und die Zahl der zuzulassenden Begleitpersonen zu bezeichnen. Zur Hinreise bedarf es einer schriftlichen Bewilligung der für den gewählten Aufenthaltsort zuständigen unteren Verwaltungsbehörde. Die Dauer des Aufenthalts darf zwei Wochen nicht überschreiten. Eine Verlängerung ist nur auf Grund eines Zeugnisses des Amtsarztes des Aufenthaltsortes zulässig. b) Für Militärpersonen, die nachweislich zu Kur- und Erholungszwecken zugereist sind. c) Stadtkinder und Jungmannen, die auf das Land überwiesen sind. d) Personen die nachweislich von oder auf Kosten von Krankenkassen zu Kur- und Erholungszwecken zugereist sind. Ein durch Beruf oder Erwerb notwendiger Aufenthalt ortsfremder Personen einschließlich ihrer Haushaltungsangehörigen) bei den Eltern, Ehegatten, Großeltern, Kindern, Enkeln oder Geschwistern, jedoch wird der durch Beruf oder Erwerb notwendige Aufenthalt auf eine Woche beschränkt. Ausnahmen hiervon kann die Verwaltungsbehörde gestatten.

Anlage 25:
Verteilung der Ortsbeleuchtung mit 28 Lichtstellen

1. Haberkorn	25 Kerzen
2. Enke	25
3. H. Thomä	50
4, Edel	75
5. Herzog	75
6. Kohl	32
7. Schott	32
9. Zoppotener Weg	32
10. Chr. Horn	25
11. H. Andrä	16
12. Gemeindehaus	32
14. Krauß	25
15. Will	16
16. Peterhänsel	16
17. Scheidig	25
18. Rabe	25
19. Wöckel	25
21. Ida Horn	32
22. Korn	25
23. F. Richter	25
24. Neumeister	32
25. P. Thomä	25
26. Brauerei	25
27. Kammergut	25
28. Schreuer	25

847 Kerzenstärken

Die Straßenlampen waren demnach nicht besonders hell.
„Kerze" war die damals übliche Maßeinheit für die Helligkeit.
1 Einheit (1 Kerze) entspricht auch tatsächlich der Helligkeit einer
Kerze. 25 Kerzen entsprechen ungefähr der Helligkeit einer 25 W-
Glühlampe, 75 Kerzen entsprechen etwa einer 75 W-Lampe.

Anlage 26:
Aus dem Protokollbuch der Ortsgemeinde 1910-1920

Herr Karl-Heinz Freundel hat in seiner umfangreichen Sammlung, die jetzt im Comeniuszentrum aufbewahrt wird, auch das Protokollbuch der Gemeinderatssitzungen Ebersdorf-Ortsgemeinde von 1910 bis 1920 archiviert. Einige der in diesem Heft genannten Informationen stammen aus dieser Quelle.

Daneben enthält das Protokollbuch so manche Dinge, die vielleicht nach 100 Jahren immer noch interessant sind.

So erfährt man, dass die Gemeinderatssitzungen reihum in den Ebersdorfer Gaststätten (Krone, Löwe, Fürstenhalle, Quelle, gemeinsame Sitzungen auch im Gasthof der Brüdergemeine) durchgeführt wurden. In den letzten Kriegsjahren fanden sie immer in „Scheidigs Kontor" statt. Baumeister Scheidig war selbst Mitglied im Gemeinderat.

Der Bürgermeister und die Mitglieder des Gemeinderates arbeiteten neben- bzw. ehrenamtlich.

Eigene Räumlichkeiten hatten Bürgermeister und Gemeinderat offensichtlich nicht. 1918 wurden dem Bürgermeister Häußer 20 Mark jährliche Miete für die Aufbewahrung der Gemeindeaktenschränke und Regale in einem seiner Zimmer bewilligt.

Nach der Zusammenlegung mietete die Gemeinde einen bzw. zwei Zimmer im Haus Nr. 8 der Brüdergemeine (jetzt Zinzendorfplatz 1) als Amtsräume. Die Brüdergemeine stellte Aktenschränke und Regale zur Verfügung.

Außer dem Thema Zusammenschluss der beiden Gemeinden, hat sich der Gemeinderat natürlich mit vielen weiteren Dingen beschäftigt, wichtigen und unwichtigeren.

Jeder, der einmal in einem ähnlichen Gremium mitgewirkt hat, wird das vermutlich kennen: Zu einem Tagesordnungspunkt, in dem es um eher Unwichtiges und Beträge von einigen Euro geht, wird endlos debattiert, weil jeder mitreden kann. Dagegen geht ein Vorhaben mit mehreren Tausenden Euro Kosten glatt durch, weil niemand es so richtig durchschaut.

Das war auch vor 100 Jahren schon so.

Die Ortsgemeinde beschäftigte über lange Zeit einen Schutzmann namens Schreuer. Er versah die Nachtwache und war anscheinend „Mädchen für alles", jedenfalls wurden ihm die verschiedensten Aufträge erteilt, so dass er immer wieder in den Protokollen vorkommt. Hier eine kleine Auswahl:

Im November 1912 stellte Schreuer einen Antrag auf einen neuen Mantel. Die Entscheidung wurde vertagt, da der Gemeinderat zunächst den Mantel sehen wollte. In der nächsten Sitzung wurde der Mantel zur Begutachtung vorgelegt und als schadhaft erkannt. Der Gemeinderat beschloss die Anschaffung eines Umhanges, um den schadhaften Mantel zu schonen. Im Oktober 1913 vermerkte das Protokoll, dass die Pellerine für den Schutzmann geliefert wurde.

1913 wurde die Straßenbeleuchtung elektrifiziert. Schutzmann Schreuer wurde mit der Bedienung beauftragt Das lehnte Schreuer jedoch im November 1913 ab, da ihm die Bezahlung dafür (15 Mark jährlich) zu wenig ist. Im Gemeinderat gab es auch anderweitige Kritik an Schreuers Dienst. Deshalb wurde ihm zum 1.1.1914 gekündigt, wenn er nicht innerhalb 24 Stunden zustimmt, die Bedienung der Straßenbeleuchtung zu übernehmen. (Diese bestand wohl hauptsächlich im täglichen An- und Ausschalten der Anlage. Über eine Schaltuhr wurde nur diskutiert.)

1915 Schreuer wurde zum Heeresdienst eingezogen, aber auf Antrag des Gemeinderats freigestellt.

1917 stellte Schreuer den Antrag auf Bewilligung einer neuen Diensthose anstelle seiner abgenutzten.

Anlage 27:

Auszüge aus Berichten der Brüdergemeine Ebersdorf 1919-22

(erschienen in „Herrnhut", der Zeitung der Brüdergemeine)

1919: Die Gemeine Ebersdorf nahm herzlichen Anteil an dem schweren Schicksalsschlag, der das reussische Fürstenhaus betroffen hat durch die erzwungene Abdankung des Fürsten, die gerade auf seinen 60 Geburtstag fiel. Hatte doch die Gemeine dadurch, dass der Ort „Residenz-Stadt" war, seit ihrer Entstehung in sehr naher Beziehung zum Fürstenhaus gestanden. - Eine für das kommunale Leben wichtige Frage ist dadurch aufgetaucht, dass in der Ortsgemeinde Ebersdorf, das heißt im angrenzenden unteren Ort, der Wunsch sich lebhaft regt, die Brüdergemeine Ebersdorf solle ihre bisherige Selbstständigkeit als politische Gemeinde aufgeben und mit der Nachbargemeinde zu einer Kommune vereinigt werden. Dagegen haben aber die Bewohner des „oberen Ortes" lebhaften Widerspruch erhoben. Man sieht nun der Entscheidung der Regierung entgegen.

13. Januar 1920: Die Gemeine Ebersdorf hat im vergangenen Jahr um 11 Personen zugenommen. Ende 1919: 224, davon entfielen auf das Ehechor 69, Witwer 3, Witwen 16, ledige Brüder 22, ledige Schwestern 69, große Knaben 6, große Mädchen 2, kleine Knaben 22, kleine Mädchen 15.

…

Mit Beginn des neuen Jahres ist das besondere Standesamt der Gemeine mit dem der Gemeinde Ebersdorf verschmolzen worden, da es im Interesse der Geschäftsleitung lag, es nicht erst im Laufe des neuen Jahres, in dem die Vereinigung der beiden politischen Gemeinden Ebersdorf Tatsache wird, aufzuheben. - Diese Vereinigung steht nun vor der Tür und soll am 1. April stattfinden. Zunächst ist ein Vertrag abgeschlossen, der allen Wünschen der bisher selbständigen Gemeinde der Brüdergemeine Rechnung trägt; die Bestätigung seitens der Landesregierung ist nach der bereits erfolgten des Bezirksrates wohl mehr noch

Formsache, und so werden bereits die Vorbereitungen zur Wahl des gemeinsamen Gemeinderats getroffen, der aus zehn Personen besteht und in dem die Brüdergemeinde 4, unter ihnen den Gemeinangehörigen 3, Vertreter zugestanden werden sollen. Ist die Verschmelzung der Gemeinden Ebersdorf auch kein Vorteil für die hiesige Gemeine, so werden ihren Bewohnern doch jetzt noch zwei langgehegte Wünsche erfüllt: Neben der endgültigen Verbesserung der Wasserleitung – die Arbeiten sind leider jetzt durch Reparatur des elektrischen Motor, der durch Feuchtigkeit gelitten hatte, zu zeitweiligem Stillstand gekommen - ist auch der straßenmäßige Ausbau des Weges zum Pohlichwald und Heinrichstein, der an unserem Gottesacker vorbei führt, in Angriff genommen und wird im Laufe dieses Jahres bis an den Wald fertig. So werden wir also künftig nicht mehr im bisherigen Maße mit Schwierigkeiten bei unseren Begräbnissen zu kämpfen haben. Bedauerlich ist nur, dass die schönen Bäume, die den Weg einfassen, fallen und durch Obstbäume möglicherweise ersetzt werden sollen, die zwar die anliegenden Felder weniger schädigen, aber die Gegend sicher nicht verschönern werden. Wird durch diese Straßenverbesserung der Gemeine ihr Gottesacker gleichsam näher gerückt, so soll derselbe auch eine Verbesserung erhalten in Gestalt einer Wasserzuleitung, die die Besorgung der Gräber erleichtert. - Hoffentlich trägt diese Neuerung auch dazu bei, dass unserer schön gelegener Gottesacker wieder ein besseres Aussehen erlangt, als es leider jetzt oft der Fall sein konnte.

6. März 1920: Infolge der Vereinigung mit dem unteren Ort wurde der neue, aus 10 Personen bestehende Gemeinderat aus Mitgliedern beider Gemeinden gewählt. Zu unserer Freude gelang es, auf dem Wege der Verständigung sich in einer gemeinsamen Liste zu vereinigen, so dass eine Zettelwahl nicht nötig wurde. Von uns sind die Brüder Bernhard, Martin, Stammberger und Herr Postverwalter Grosse gewählt worden.

31 März 1920: während der Revolutionstage blieben wir in unserem stillen Waldwinkel verhältnismäßig unbehelligt von dem

Aufruhr, nur durch spärliche Zeitungsnachrichten und Gerüchte nahmen wir an dem Weltgeschehen Teil, und auch das hörten wir, dass ganz vorübergehend in Gera die Regierung von Männern der Rechten geleitet wurde, doch nun haben wir wieder die bisherigen Herren der unabhängigen Richtung. Wir können von friedlicheren Ereignissen berichten.... 8 Tage später fand in dem mit Blumen festlich geschmückten Saal im „Löwen" eine stimmungsvolle Begrüßungsfeier für die heimgekehrten Gefangenen beider Gemeinden statt. Gesänge, Deklamationen und Ansprachen wechselten in harmonischer Folge. Unter anderem sprachen Herr Superintendent Schmidt namens beider Kirchgemeinden und Bruder Williger namens der beiden Vaterländischen Frauenvereine.

15. Juli 1920: Die Reichstagswahl am 6. Juni zeigte deutlich, dass bei uns die Deutsche Volkspartei in weitaus größtem Maße vertreten ist. Von den abgegebenen 484 Stimmen gehörten 255 dieser Partei. Die nächsthohe Stimmenzahl hatte der Landbund mit 64 Stimmen, dann die Unabhängigen mit 57, die Deutschnationalen mit 53, die Demokraten mit 50 und schließlich die Sozialdemokraten mit 5 Stimmen. Bei der Landtagswahl am folgenden Sonntag wurde zum ersten Mal für Großthüringen gewählt. ...
Da in diesem Jahre der Fremdenverkehr nicht durch so viel Schwierigkeiten gehemmt ist, ist bereits ein bedeutend stärkerer Zuzug von Sommerfrischler, als in den letzten Jahren. Wer einmal die Stille und würzige Luft unseres Waldwinkels genossen hat, den zieht es wohl immer wieder her, obgleich wir an äußeren Zerstreuungen mit keinem Kurort wetteifern können .... Der wieder aufgenommene Postautoverkehr Lobenstein - Schleiz ergänzt in erfreulicher Weise die etwas mangelhafte Zugverbindung unseres Ortes mit der übrigen Welt.

1. November 1920: Das im Bau befindliche Denkmal vor der schmucken Oberförsterei, die um die gefallenen Söhne trauernde deutsche Mutter, soll im Laufe der kommenden Wochen fertiggestellt werden.

13. Januar 1921: Sehr erfreulich ist die sich allmählich vertiefende Verbindung der oberen und unteren Ortsgemeinde. So erzählte Herr Superintendent Schmidt Ende November in

unserem Brüdergasthof von seiner Tätigkeit als junger Kandidat in Barcelona, wo er an deutschen Landsleuten Evangelisationsarbeit im Sinne Fliedner trieb; ferner wurden die gut besuchten Gebetsversammlungen abwechselnd in der Dorfkirche und in unserem Kirchensaal gehalten von Geistlichen beider Gemeinden.

26. Oktober 1921: Wir leiden hier schwer unter der Wassernot. Seit Mitte Juli versagen die Leitungen, und es ist recht mühsam, jeden Tropfen Wasser herbeizuschleppen. Leider ist auch noch kein Ende dieser Not abzusehen.

3. Mai 1922: Die harte Zeit hat von unserer Gemeine ein großes Opfer gefordert: unsere Schule. Es war nicht mehr möglich, sie finanziell zu halten, und da nur ein sehr geringer Prozentsatz von Brüdergemeinkindern sie besuchte, konnte der Ältesten- und Gemeinrat es nicht mehr verantworten, alljährlich dem Haushalt der Gemeine durch die Schule solch schwere Schuldenlast aufzuerlegen. Die untere Klasse kann allerdings zu unserer Freude noch dank der Unterstützung von amerikanischen Freunden bis Ostern nächsten Jahres bestehen bleiben. Doch die obere Klasse ist am 2. Mai mit der Schule im unteren Ort vereinigt worden. Sehr wertvoll ist es uns, dass Schwester Zoberbier mit ihrer Klasse vom Staat übernommen worden ist, so haben unsere Kinder eine Vertretung in dem neuen Kollegium. Von Herzen wollen wir wünschen, dass der gute Geist, der in unserer Schule lebendig war, auch in die neue Schule mit einzieht und unsere Kinder auch hier zu lebenstüchtigen und gottesfürchtigen Menschen erzogen werden....

Wir haben seit dem 1. April auch wieder eine Veränderung als Kommune erfahren, indem nämlich an diesem Tage Schönbrunn und Ebersdorf als Gemeinde vereinigt worden sind und zwar auf den Befehl der Regierung hin, obgleich keine der beiden Gemeinden es wünschte. Die Folgen, die sich daraus ergeben werden, sind erst noch abzuwarten. Zunächst steht die Neuwahl des Gemeinderates bevor. Möchten wir bei dieser Gelegenheit in unserer durch Streit und Hader zerrissenen Zeit nicht beitragen zum allgemeinen Unfrieden, sondern, so viel an uns liegt, Frieden und Einigkeit bewahren.